JN099141

Food Service
Management
Strategy

Abekawa Katsuyoshi

フードサービス
経営戦略論

繁盛店のしくみと作り方

阿部川勝義 [著]

中央経済社

はじめに

　初めてレストランやカフェを始めたい方のために筆をとった。まず，不安と期待の入り混じる気持ちを抑えながら，頑張ってオープンさせた自分の店が，グルメサイトでも評判になるほど繁盛した姿を思い浮かべてみよう。

　お客様の喜ぶ顔とまた来たいという言葉があふれる。スタッフのやる気に満ちた活き活きと働く姿が目にまぶしい。ここで働いてよかったという言葉がこだまする。スタッフは収入が増え生活が豊かになる。そして，結果として経営者の収入が増えるというシナリオには，人生をかける意義を見出すことができるであろう。

　しかし一方では，多額の借金を抱えたまま廃業へと追い込まれる経営者が後を絶たない。この成功と失敗との差はどこから生じるのであろうか。そこには，成功と失敗を分ける "しくみ" の違いがある。繁盛店を作りたいと思い立ち行動に移すならば，その "しくみ" をきちんと理解することをお勧めする。

　さて，筆者の暮らす湘南には鎌倉がある。武家文化の古都として世界的に有名であり，多くの外国人観光客が訪れるフードツーリズムのグルメスポットがある。また，筆者は中学高校の6年間，この街に通ったので思い出と思い入れが深い。そこで，鎌倉を舞台にケーススタディーを作ることにした。

　ところが，筆を進めるうちにある事態に遭遇した。新型コロナウイルス感染症の世界的な感染拡大（以下コロナ禍）である。あれほど大勢で押し寄せていた外国人観光客の姿は，鎌倉から消えた。緊急事態宣言が発令され，残念なことにレストランは閉店を余儀なくされた。

　グルメスポットの灯は消え，ゴーストタウンに変貌した街並みに心が痛んだ。しかし，しばらくすると行列のできる店が現れた。マクドナルド（第6章3）である。よく見ると顧客は店内で飲食するわけではなく，ほとんどがテイクアウトで，ハンバーガーを受け取ると足早に立ち去る。

　これを見た瞬間，ふと気がついた。コロナ禍を "脅威" と見るか， "機会"

と見るか。この見分けができ，コロナ禍を"機会"と見ることができる経営者がいる。三密（密閉・密集・密接）となる店内の感染リスクの"弱み"を見極め，テイクアウト，ドライブスルー，オンライン発注を"強み"として売上を伸ばす。この経営者は真の成功を収めることができると確信した。

　コロナ禍は，レストラン経営にどのような影響を及ぼすのだろうか。まず，IT進化に伴う科学技術により，産業構造の変化が速まるだろう。接触を避けるためのDX（Digital Transformation）により，レストランの調理・接客が変革する。ヒトに替わる機械やロボットによる自動化で，オペレーション効率が高まるだろう。ところが，自明の理であるこの自動化は，進みすぎるとホスピタリティが後ずさりすると考えられがちである。

　ここで，顧客の評価が高い作業はヒトが行い，低い作業は機械やロボットに任せて自動化すればそれは起きないだろう。例えば，できた料理を厨房から客席まで運ぶ作業をよく見ると，客席前で配膳する作業の評価が高いが，途中の運搬作業の評価は高くない。また引き下げ途中の運搬作業はさらに低い（補足資料）。評価が高い心を込めて配膳する作業は，ヒトが行う作業としてそのまま残しても効率化はできるはずである。また，自動で配膳するとしても，ホールスタッフが心を込めてそれを見守ることにより，ホスピタリティは提供できるだろう。コロナ禍で非接触が望ましいとされている状況下では，安心安全のオペレーションとなる。ここでは，ホールスタッフがホテルのコンシェルジュに近い存在となり，高度なホスピタリティを提供する。この自動化は，結果としてレストラン人材のレベルアップとなる

　この先，ワクチン接種が一巡しコロナ禍が終息したとしても，市場は元通りにならないだろう。スーパーコンピューターによる飛沫の拡散が，シミュレーション画像で世界中に流れた。レストランでの楽しい会話とともに，美味しい料理を口に運ぶ。この喜びを分かち合うはずのひと時が，"リスクの瞬間"と

して認識され，レストランそのものが，公衆衛生上の課題となった。

　この危機を乗り越える対策が必要である。飛沫拡散を防ぐ給排気設備，飛沫が付着することを前提とした滅菌効果のある食器，什器備品，作業服などを揃える，非接触のための機械化やロボットによる配膳，オンライン発注・清算，非接触のテイクアウトオペレーション，デリバリーなどの対策が必要となるであろう。

　いわゆる巣ごもり消費の拡大により内食，中食，外食がボーダーレス化している中で，食品の安心安全に加え，飲食環境の安心安全が付加価値化している。マクドナルド，ケンタッキー・フライド・チキン，モスバーガーは，従来のテイクアウトに加え，安心安全のインフラを強化した。オンライン発注・清算，非接触オペレーションが，顧客の支持を得た。中でもマクドナルドは最高益を更新した。

　コロナ禍をチャンスと捉えバネとして飛躍することが，これからのレストラン経営に求められる。そのコアとなる戦略は，コロナ禍を克服し"戦わずして勝つ"ことである。その意味において，コロナ禍は，レストラン経営に挑戦状を突きつけたといえよう。

　近未来のレストランの姿は次のようなものである。

　AIスピーカーに話しかけるだけで，本日のおすすめ料理を教えてくれる。こちらの話を少しすると，その時の気分や雰囲気にピタッと当てはまる料理を推奨してくれる。その料理の説明を聞きながら少し会話を楽しんだ後に料理を発注できる。飲み物が足りそうもないなと思った時はスピーカーから「おかわりはいかがですか。」と心遣いのある音声がテーブルに静かに流れる。AI監視システムは，これらのことを可能にするであろう。

　このような機能は，今まではヒトのホールスタッフによる，サービス・オペレーションの一部であった。顧客とのコミュニケーション能力が高い優秀な

ホールスタッフは，顧客のアイコンタクトを素早く読み取り，先回りしてサービスを提供する。そのために，顧客からいつ発信されるか分からないアイコンタクトをいつでも受信できるように準備しておく。発信されたならば，その内容を素早く理解して行動に移す。皿が空いたらさっと片付ける。グラスが空いたら追加の飲み物をさりげなく聞く，といったエクセレントサービスが一流とされている。ところが，たとえこのような逸材がいなくても，AI監視システムとロボットがこれを可能とするだろう。

コトラー（2013）は，次のように述べている。「オールドエコノミーは製造業をマネジメントするという発想を土台にしていた。ニューエコノミーは情報と情報産業のマネジメントの上に成り立っている。」また，「顧客のニーズを感じ取り，それに応える」発想で洞察力に富んだマーケティングを推進することが必要であり，単に「作って売る」ことに萬進していてはいけない。そして，「他社を圧倒する製品・サービスを設計する」上でサービスが大切な役割を果たすことを述べている。この「製品」を料理とすれば，レストランにも当てはめることができる。

ニューエコノミーは，情報と情報産業のマネジメントを基調とする。その上で，いかにして顧客のニーズにピタッと合ったサービスを提供できるかが，製造業やサービス業といった枠を超えて必要とされる時代に突入しているのではないか，という問題提起がコトラーによってされたといえよう。

レストランにおける顧客ニーズは，CX（Customer Experience）へと移行するだろう。顧客は，今まで以上に体験価値に対価を支払う時代になるだろう。単に美味しい料理を食べることではなく，そのレストランを訪れたい，レストランのスタッフや地域の人々と交流したい，同じ価値観を共有したいという"共創"へと進展するだろう。例えば，あるレストランが，自然環境保護のもとにエコ，リサイクルに共感を抱き活動の輪に加わっている場合，このレストランの理念やCSRが顧客を惹きつける。

　もちろん美味しい料理の提供は，一丁目一番地であり大切である。顧客の嗜好に同調する独創性・新規性・模倣困難性のある料理を，安心安全のシステムのもとに提供する。このような顧客ニーズを満たし，惹きつけて止まないレストランは，"戦わずして勝つ"ことができるレストランとして生き残ることができると確信する。

　まず第1章では，"繁盛店のしくみと作り方"の概略を述べ，続く第2章でレストラン業界を概説する。

　第3章では，繁盛店を作る上で大切な商品開発について述べ，そのコアとなる独創性・新規性・模倣困難性の確立方法を詳しく解説する。

　第4章では，開発した商品を用いて，いかにして"戦わずして勝つか"という経営戦略の課題を取り上げ，この課題に対する解決策となる経営理念について，第5章で考察する。

　第6章では事業戦略と競争戦略を，第7章では機能別戦略について述べ，これらの具体的な"しくみ"を示すために，第8章で経営システムデザインについて詳しく解説する。

　続く第9章では，この経営システムで大切なホスピタリティとその"しくみ"について述べる。さらに第10章では，会計の視点から"繁盛店"とは何かを明らかにする。なお，より理解を深めたい読者のために，補足資料にてレストランのサービス機能と価値評価についての解説を付け加えた。

　本書が新たなレストラン経営の一助となれば幸いである。

CONTENTS

第 3 章　フードサービスの商品開発

第 4 章　フードサービスの経営戦略

第 7 章　フードサービスの機能別戦略

第 8 章　フードサービスの経営システムデザイン

第 **9** 章　　フードサービスのホスピタリティ

第 10 章　フードサービスの会計

補足資料　レストランのサービス機能の価値評価

第 **1** 章

繁盛店のしくみと
作り方

1　シーズ思考とニーズ思考

　レストランを開業したいと思い立ったとき，どのように発想するだろうか。日本料理，イタリアン，スパニッシュと業種から発想する。あるいは，ファストフード，カジュアルレストラン，ディナーレストランと業態から発想する。あるいは，天ぷら，フリット，アヒージョと料理から発想する。あるいは，ヒラメ，生シラス，ズッキーニと食材から発想する。あるいは，ゴマ油でサクッと揚げる，圧力をかけてサラダオイルでモッチリと揚げる，オリーブ油でシットリと味がしみ込むまで煮込むと調理法で発想する。また，土地や建物などの物件から発想するなど様々であろう。このような，業種，業態，料理，食材，調理法，物件などから，または，それらの組み合わせから，「こうしたら繁盛店になる」と発想を展開させていくことができる。

　例えば，神奈川県の鎌倉駅から徒歩25分，ローカル線である江ノ電の駅近で，鎌倉の海を見渡せる丘の上に位置する100㎡ほどのオシャレな一軒屋を借りることができる。ここで家主自らフレンチレストランを営んでいるが，年をとったので閉店することにした。家主は，空家にしておくよりは誰か良い人に貸してレストランを営んでもらいたいと考えている。家賃は相場よりも低くてかまわない。また，使用している家具，調理器具や食器などはそのまま提供する。

1

このような好条件の物件はなかなか発見されることがない。

そこで，ある人が次のように考えたと想定してみよう。

鎌倉で採れた新鮮な魚介や野菜を中心とした食材を用いて，日本料理，イタリアン，スパニッシュ系の創作料理レストランを開業してみたい。調理はもともと好きであり，いろいろな業種の店でノウハウを修得してきた。新しい調理法や調理機械のこともよく知っている。ピザ窯やスチーム・コンベクションオーブン，真空調理機なども，知人から安く手に入れることができる。だから，開業に向けて早めに家主と交渉してみたい。具体例は異なるにせよ，このように発想する人が多いのではないだろうか。このように，タネから発想する方法をシーズ思考という。

また，次のように発想することもあるだろう。鎌倉には少し前まで外国人が多く訪れていた。いわゆるインバウンドである。様々な国から集まる外国人は鎌倉の観光スポットである鶴岡八幡宮や小町通り，長谷の大仏などを闊歩して回り，食べ歩いていた。しかし，よく見ると，食べているモノは雑多であり，これといった名物に群がっているわけではない。

例えば，名古屋では味噌カツ，鰻ひつまぶし，京都では鱧ちり，すき焼き，金沢では治部煮などフードツーリズムの名物がある。しかし，"いざ鎌倉"となると，これといったポピュラーな名物料理がない。多くの外国人にとって，日本旅行の思い出となる記念の味覚が鎌倉にあればきっとうれしいだろう。今はコロナ禍で無理としても，近い将来きっと戻って来て，食べてもらえるだろう。このように，ニーズから発想する方法をニーズ思考という。

さて，それではシーズ思考とニーズ思考のどちらが大切なのかというと，どちらも大切である。双方の思考を用いてビジネスの発想を行うことが有効である。「誰が（経営主体），誰に（顧客），何を（商品・サービス），どこで（立地・店舗），いつ（営業時間），どのように（販売・提供方法），いくらで（価格）販売するのか」（以下「マーケティング・コンセプト」）を策定するにあたって，次のようにシーズとニーズをマッチングさせることによって，より良い発想を効果的に行うことができる（**図表1-1**）。

図表1-1　シーズとニーズのマッチング

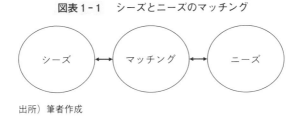

シーズ　　　マッチング　　　ニーズ

出所）筆者作成

2　内部・外部環境の分析

　このような発想によりビジネスを始めようとするとき，周囲をよく観察してから，スタート地点に立つ自分のビジネスをじっと見つめることが大切である。

　例えば，鎌倉でレストランを開業するとしたならば，その周囲にはどのようなレストランあるのだろう。その店はどんなメニューがあり，どんな経営の強みを発揮しているのだろうか。現地視察をしたところ，自分のコンセプトに近い店の前を通ったら行列ができていた。しっかりと常連客もついているようだ。この店とは競争になるかもしれないと悩むこともあるだろう。

　この悩みを整理するために，経営の内部・外部環境の分析を行う。自分のコンセプトのほうが斬新なので"強み"となる。しかし，新規開業では新たなお客様を開拓する必要がある。かなり時間とコストがかかりそうなのでこれは"弱み"だ。あるいは，名物料理がない鎌倉で，自分のコンセプトにより名物料理を作ることができれば，またとない良い"機会"だ。この料理のレシピは独創的で複雑である。しかし，真似される可能性も否定できない。もし他店に真似されたならば"脅威"となるだろう（**図表1-2**）。

　このように，コロナ禍にあっても外部環境における機会や脅威を読み解き，内部環境における強みや弱みを知ることは，ビジネスを成功さるために非常に大切である。

図表1-2　SWOT分析図（第4章3詳述）

外部環境	機会 (Opportunity)	脅威 (Threat)
内部環境	強み (Strength)	弱み (Weakness)

出所）筆者作成 [1]

3　経営理念（目的）の策定

　そして，何のためにビジネスを始めるのかを悟るべきである。新たにレストランを開業する目的は何なのかと，自分に問いかけることを勧める。このとき，明確にすべきなのが，目的としての経営理念（第5章1で詳述）である。経営方針，経営ビジョン，経営ポリシーなどと称される場合もあるが，経営における最上位のコンセプトである。自社の経営はこうあるべきであり，こういう目的達成のために経営すると，組織の内外に明確に示す中核の思想である。この経営理念を探索する方法を紹介する。

　例えば，「鎌倉の新鮮な食材を調理したい」と思ったときに，その目的は何かと，次々と目的を求めて上位の目的へと展開する。

　　P1：鎌倉の新鮮な食材を調理する

　　　↓　その目的は

　　P2：外国人のお客様に鎌倉の名物料理を食べていただく

　　　↓　その目的は

　　P3：外国人のお客様に鎌倉の名物料理を堪能していただく

　　　↓　その目的は

　　P4：外国人のお客様に鎌倉に来て良かったと感動していただく

　　　↓　その目的は

　　P5：お客様に鎌倉に来て良かったと感動していただく

　　　↓　その目的は

　　P6：お客様に鎌倉を満喫していただく

　　　↓　その目的は

　　P7：お客様に幸せな時間と空間を提供する

　　　↓　その目的は

　　P8：お客様に健康で幸せな生活をしていただく

　このように，目的を上位に展開して，上位のコンセプトを求める方法を目的展開法という。ここから，経営理念を探索することができる。

　さて，上記P4とP5の違いに気づいたであろうか。P4では働きかける対象が「外国人のお客様」であるが，P5では単に「お客様」となっている。すなわち，誰をお客様とするのかが異なっている。P5では，お客様を外国人に限定せず，もっと広いターゲットとしていることが分かるであろう。

　これをもとにして，さらに広く深くマーケティング・コンセプトを探索することもできる。さて，経営理念そのものを策定する必要性は何であろうか。実際のビジネスにおいて，経営理念は，経営者にとっての道標，あるいは北極星のような存在である。ビジネスを始めたとしても，順風満帆の時ばかりではない。逆境に陥り，先の見えない困難な局面に立っても，目指すべき方向を指し示す大切な役割を果たすのが経営理念である。

　例えば，自らの経営はさほど悪くないにしろ，競合店が近くに出店したので競争環境が厳しくなっている，あるいは経済環境が悪化している，あるいは自然環境が悪化し激しい気候変動により食材が高騰している，あるいは疾病が蔓延しているといった，自らの意思に反して，客足が遠のき売上が低迷し利益が減少し続ける局面に遭遇することがある。このとき，本来の経営理念を思い起こして自らを鼓舞し，経営力を強化するといった，いわば，しっかりと据えられ，ぶれることなく回転するコマの軸の役目を果たすのが経営理念である。

　例えば，「お客様に鎌倉に来て良かったと感動していただく」といった経営

理念を策定したならば，その期待を裏切らないでどんな時でもお客様に感動を与え続け，また鎌倉に行こう，またあのお店に行こうと思い続けていただくことが大切である。このような，経営理念をきちんと軸に据えた経営が，時の経過にかかわらず，色あせない評価に値するビジネスとなる。

したがって，経営理念を策定することは，ビジネスの中核となる思想の確立として必要なのである。

4　戦略の策定

経営理念を策定したならば，次にマーケティング・コンセプトをにらみながら，経営の設計図となる戦略を策定する。

例えば，外国人に，鎌倉の食材を使った日本料理，イタリアン，スパニッシュ系の創作料理を，鎌倉の海を見渡せる丘の上のレストランで，毎週月曜休みで10：00〜21：00まで営業し，楽しんでいただく。アラカルトメニュー中心のカジュアルなおもてなしで，英語・スペイン語・中国語でもオペレーションする。テイクアウトも可能で3,000円位の客単価，といったマーケティング・コンセプトのもとで，いかに繁盛店として立ち上げるかがビジネスの戦略となる。

この戦略には，他店との競争に負けない優位性，あるいは他店との競争が生じない独自性が必要となる。他店と同じコンセプトで開業したのでは激しい競争に巻き込まれる可能性が高い。ここでは，できる限り戦わないで勝つ戦略をとることが賢明である。すなわち，他店と同様のコンセプトで勝負しないことが大切である。少なくとも，大手外食企業とは戦わない。大手外食企業は，食材を安く大量に仕入れ，高効率で調理しオペレーションするので，コスト，価格では負けてしまう。したがって，差別化を図る必要性に迫られる。

例えば，使用する食材は鎌倉限定の産直なので収穫量が少なく大量生産向きではないので，大手外食企業はあまり取引の対象としない。この食材は多少高いが驚くほど新鮮である。これを使用した独特の味付けの創作料理は，お客様

図表1-3　内部・外部環境・顧客・経営理念・戦略・"しくみ"の関係図

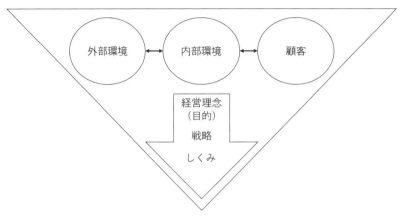

出所）筆者作成

をいわゆるヤミツキにさせる。そして，鎌倉ならではの雰囲気とおもてなしがある。また，あのレストランのあの席に座って鎌倉の海を眺めながら，あの料理を食べたい。大切な人と一緒にこの感動にひたりたい。

　このように，食材・料理・おもてなし・雰囲気の独自性および地球に1つしかない立地の独自性といった優位性を充分に発揮することが「戦わずして勝つ戦略」の一つである。これをONLY ONE戦略という。このように経営の内部・外部環境との整合性において，独自の優位性を発揮できるような"しくみ"は繁盛店を作り上げる秘訣の一つである。

　この内部・外部環境，顧客，経営理念，戦略，"しくみ"の関係を，**図表1-3**に示した。

5　繁盛店のしくみと作り方の大切さ

　レストランの経営をうまくコントロールして軌道に乗せることができれば，やりがいのあるビジネスとなる。経営者としての手腕を振るい繁盛店を作り上げる。培った能力をいかんなく発揮して目指した目的を達成するといった過程

には，ワクワク感，達成感，満足感が満ちあふれ，人生をかける意義を見出すことができるであろう。

　しかし，「はじめに」でも述べたように，一方では多額の借金を抱えたまま，廃業へと追い込まれる経営者が後を絶たない。成功と失敗を分ける要因には，"しくみ"の違いがある。レストランやカフェを始める誰もが，繁盛店を作りたいと思うだろう。そのためには，まず経営戦略の"しくみ"をきちんと理解すべきである。

　繁盛店には，お客様の嗜好・興味・行動などの情報や，独創的で新しい料理および優れたホスピタリティの技術や魅力的な店づくりなどのノウハウがある。これらを駆使して，とっておきの食材を調達し，他では味わえないオリジナルな料理や飲み物を提供する。そこに込められた思いをさりげなくお客様に伝えて喜んでいただく。そして，お客様に人生の幸せを味わっていただき，お客様を魅了し続ける。このような，お客様の味覚・嗅覚・触覚・視覚・聴覚の五感に訴え，お客様の脳において幸福感を増幅させることができる"しくみ"をきちんと組み込んだ経営は，成功する確率が高い。

　世界の人々は，日本の食文化に興味津々である。このため，日本で独創的なレストランを繁盛店にして成功させることは，世界に誇ることができるビジネスとなる。したがって，"繁盛店のしくみと作り方"をしっかりと学ぶことの価値は大きい。

注 ・・・

[1] もともとは経営学者のヘンリー・ミンツバーグ（Henry Mintzberg）が提唱したものであるが，ビジネス上の戦略策定プロセスとして明確になってくるのはハーバード・ビジネススクールのゼネラルマネジメント・グループのケネス・R・アンドルーズ（Kenneth Andrews）らによって書かれた『Business Policy: Text and Cases』（1965年）からだとされている。
https://marketingis.jp/wiki/SWOT（2019年12月18日最終閲覧）

第 **2** 章

レストラン業界の
概説

1　レストランの役割

　初めて"レストランやカフェ"（以下「レストラン」）を始める方に，レストランの社会的役割を知ってもらいたい。ここでは，レストランの機能とは何かという観点から説明する。

①　レストランの生理・心理的機能

　レストランがもつ生理的機能は，人間が生体機能を維持しながら生活し活動するためのエネルギーを提供するという，最も基本的な機能である。心理的機能は視覚・嗅覚・味覚・触覚・聴覚の五感を通じて，食欲を満たし，さらに食の楽しみ（以下食楽）を提供する機能である。

②　レストランの社会的機能

　レストランがもつ社会的機能には，まず，大晦日には年越しそば，正月にはおせち料理，土用の丑には鰻料理を食べるといったように，多様な食文化・食生活を形成する機能がある。また，食楽と交流の場を提供し，人間関係の親密度と信頼関係を高めるといった機能，そして，これらによって経済を活性化させる機能がある。さらには調理・オペレーションの技術・システムを進歩させ，

新たな経済的な価値を生み出す機能もある。

2　レストランの歴史的推移と近時動向

　レストランの歴史的推移と近時動向は，3ステージに分けることができる。

2.1　第1ステージ（1965年～1989年頃）

　外食産業（以下「外食」）は，1965年～1970年のいざなぎ景気と呼ばれる長期の好景気を背景として躍進した。1970年には大阪で日本万国博覧会が開催される。米国に次ぐNo.2の経済大国となった日本が世界の注目を浴びる中で，日本フードサービスチェーン協会（現日本フードサービス協会）が設立され産業化の黎明期が到来する。

　1970年には「ミスタードーナツ」「ダンキンドーナツ」「ケンタッキー・フライド・チキン」，1973年には「ピザハット」「サーティーワンアイスクリーム」などのファストフード（以下「FF」）海外チェーンが日本企業との提携によって日本に上陸を開始した。そして注目を浴びたのが，1971年の「マグドナルド」の上陸だった。貿易商の藤田商会が合弁により日本マグドナルドを設立し，東京銀座に日本1号店を出店した。ここから「マグドナルド」の躍進が始まる。1972年には，和製ハンバーガーチェーンである「モスバーガー」，「ロッテリア」がフランチャイズチェーンとして多店舗化を開始した。

　1970年に日本独自のファミリーレストラン（以下「FR」）である「すかいらーく」が東京の国立に1号店を出店，さらに1973年には，米国「デニーズ」がイトーヨーカ堂との提携のもとにFRとして横浜で多店舗化を開始する。1977年には，既に九州で成功を収めていた「ロイヤルホスト」がFRとして東京に進出し全国展開を開始した。

　日本の自家用車の保有台数が2,000万台を超え，モータリゼーションが浸透する社会環境のもとに「すかいらーく」「デニーズ」「ロイヤルホスト」は，FRの御三家と呼ばれ郊外の好立地を確保し多店舗化を加速する。

1980年に「ココス」「レッドロブスター」現在の「びっくりドンキー」などの後発チェーンが登場する一方で，1982年には「つぼ八」「村さ来」「天狗」などの居酒屋チェーンが繁華街立地で台頭する。

この第1ステージでは，外食が産業化するための次の要素があった。

① セントラル・キッチン（集中調理加工場）での大量生産と，各店舗への効率的な分散供給による「規模の経済性」（第3章5.2）の発揮

② 人的作業のマニュアル化とシステムオペレーションによる作業効率化

③ POSレジシステムなどによる情報管理の高度化

2.2　第2ステージ（1990年〜1999年頃）

1989年12月に最高値38,915円を付けた日経平均株価は，これをピークに翌1990年1月から暴落に転じ，いわゆるバブル経済は崩壊へと進んだ。その後，多くのレストランチェーンが大幅な売上減少に転じパニック状態となった。

デフレ経済へと突き進む中で，多くのチェーンは低価格化へと舵を切る。FRは新業態化によって，客単価を約1,000円から800円へと転換した。この先鞭をつけたのが，すかいらーくによる低価格FR「ガスト」であり，いわゆる「ガスト化現象」と称された。

このデフレ経済下においても，レジャーの楽しみが求められた。このニーズにマッチしたのが，1994年開業の「新横浜ラーメン博物館」や屋台村，割安な食べ放題レストランであったといえよう。

バブル経済の崩壊に伴い接待需要が激減した。接待の舞台であった高級日本料理店の衰退をよそに，従来の居酒屋とは異なる高級感のある商品と演出を提供する「えん」が登場する。

当時，需要がなく真空価格帯と称されていた客単価約4,000円の市場で，新日本料理店ともいえる新業態が成功したことを受け，これに続く企業が多く現れた。

一方，1996年に登場しエスプレッソ，カフェラテなどのコーヒーメニューをヒットさせた「スターバックス」は，自宅でも会社でもない「第3の空間」の

図表2-1　外食産業市場規模推計の推移

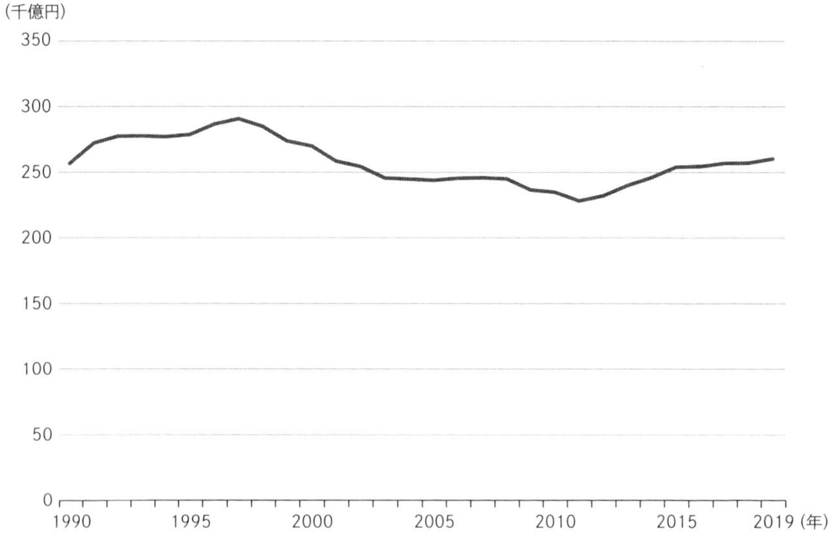

(千億円)

出所）日本フードサービス協会（2021）より筆者作成

提供により，その後も人気を博することとなる。

　1990年後半には，居酒屋「甘太郎」などのコロワイド，「モンスーンカフェ」などのグローバルダイニング，「紅虎餃子房」などの際コーポレーションがいわゆる「新御三家」チェーンとして台頭する。

　しかし，1997年には京樽が倒産。バブル経済の崩壊により資産価格の急落や信用収縮が起こり，日本経済が長期デフレ化へと暗転する中で，1998年には外食市場規模が初めて縮小する（**図表2-1**）。

2.3　第3ステージ（2000年〜現在）

　2001年には，日本マグドナルドが東証JASDAQに上場。「牛角」などのレインズインターナショナル，「すき屋」などのゼンショー，コロワイドが企業・事業の買収（M&A）により業界再編を進める。

　一方，すかいらーくの経営陣が敵対的な株式公開買い付け（TOB）を警戒し，

図表2-2　中食市場規模

業態	2009年		2019年			
	金額	構成比(%)	金額	構成比(%)	前年比(%)	09年比(%)
専門店・他	2兆7,788億円	34.5	2兆8,961億円	28.1	98.0	104.2
百貨店	3,774億円	4.7	3,560億円	3.4	99.0	94.3
総合スーパー	8,955億円	11.1	9,639億円	9.3	101.7	107.6
食料品スーパー	1兆9,534億円	24.3	2兆7,406億円	26.6	102.2	140.3
CVS	2兆490億円	25.4	3兆3,632億円	32.6	101.7	164.1
合計	8兆540億円	100	10兆3,200億円	100.0	100.7	128.1

出所）日本総菜協会『2020年版総菜白書』

株主から自社株式を譲り受ける（MBO）などして非上場化を実施した。

　このステージ初頭では，バブル経済の崩壊から続く外食の低迷を，資本による事業再編で打破しようとする流れが活発化する。

　2001年から現在にかけては，ソーシャルメディアが情報インフラとして存在感を増してきた。特にグルメサイト，SNSなどの発信するいわゆる口コミや格付け情報が，事業成功のチャンスとリスクに大きく影響を及ぼすようになる。1997年に約29兆円であった外食の市場規模は，徐々に右肩下がりとなり2019年には約24兆円となった。

　バブル経済の崩壊の頃から中食産業（以下「中食」）が進展する。外食と内食のちょうど中間に位置し，調理済の料理を家庭や職場・学校などの店舗以外の空間で食べるニーズに対応する産業である。この市場規模は約8兆円（2009年）から約10兆円（2019年）と，外食の縮小をよそに拡大傾向にある（**図表2-2**）。

3　レストランの業種

　レストランを含む外食の業種は主に販売している料理による区分である。これを別の視点から見ると，「和食・日本料理」「フレンチ」「イタリアン」「中

華」などの国籍や「アジア・エスニック」などの地域による区分，「丼」「鍋」などの食器による区分，「焼肉・ステーキ（肉類）」「お好み焼き・粉もの」などの食材による区分，同じ粉ものを用いても「ラーメン・麺類」，そして「揚げ物」「寿司」といった調理法による区分などがある。さらに「和食・日本料理」の中でも「懐石料理」「会席料理」といった料理の提供方法による区分がある（図表2-3）。

図表2-3　レストランの業種

和食・日本料理	郷土料理	鍋料理	すし・魚料理	焼肉・ステーキ
日本料理（和食）	京料理	すき焼き	寿司・回転寿司	鉄板焼き
本膳料理	しっぽく料理	かにしゃぶ	魚介・海鮮料理	バーベキュー
懐石料理	九州料理	しゃぶしゃぶ	海鮮丼	ローストビーフ丼
会席料理	北海道料理	きりたんぽ鍋	刺身	ジンギスカン
精進料理	沖縄料理	ちゃんこ鍋	かに料理	サムギョプサル
豆腐料理・湯葉料理	ひつまぶし	水炊き	ふぐ料理	牛肉料理
	ほうとう	火鍋	すっぽん料理	豚肉料理
		あんこう鍋	うなぎ	鶏料理
		タジン鍋	オイスターバー	馬肉料理
		うどんすき		羊肉料理
		韓国鍋		熟成肉

焼鳥・串料理	丼もの・揚げ物	お好み焼・粉物	ラーメン・麺類	洋食・西洋料理
焼き鳥	牛丼	お好み焼き	そば（蕎麦）	ハヤシライス
串カツ	天丼	もんじゃ焼き	うどん	オムライス
串揚げ	カツ丼	たこ焼き	ちゃんぽん	カレーライス
炉端焼き	親子丼	明石焼き	冷麺	スープカレー
	しらす丼		焼きそば	ハンバーグ
	穴子丼		味噌ラーメン	サンドイッチ
	とんかつ		家系ラーメン	シチュー
	からあげ		二郎系ラーメン	チーズ料理
	天ぷら		とんこつラーメン	

中華	フレンチ	イタリアン	アメリカ料理	アジア・エスニック
四川料理	フランス料理	イタリア料理	カリフォルニア料理	トルコ料理
広東料理	ビストロ	パスタ	ケイジャン料理	インド料理
北京料理	ジビエ	イタリアンバル	ハンバーガー	ネパール料理
上海料理		ピザ		韓国料理
台湾料理				ケイジャン料理
飲茶・点心				タイ料理
小龍包				ベトナム料理
餃子				マレーシア料理

アフリカ料理	その他外国料理	カフェ・スイーツ	ビュッフェ・バイキング	居酒屋・バー
エジプト料理	ドイツ料理	パンケーキ	朝食バイキング	ビアバー
モロッコ料理	ロシア料理	紅茶専門店	オーダーバイキング	クラフトビアバー
	ハワイ料理	中国茶専門店	ランチバイキング・ビュッフェ	ワインバー
	スペイン料理	コーヒー専門店	ホテルバイキング・ビュッフェ	日本酒バー
	メキシコ料理	甘味処	サラダバー	ダイニングバー
	カリブ料理	フルーツパーラー	スイーツ・ケーキバイキング	ワインバル
	南米料理	アイスクリーム		スペインバル
	オーストラリア料理	クレープ		肉バル
	シュラスコ	フレンチトースト		パブ
	無国籍料理	ドーナツ		ビアホール
				居酒屋

出所）筆者作成

4　レストランの業態

　業態は主に営業手法による区分である。最も基本的な業態区分は，客単価と客数のボリュームからFF，FR，カジュアルレストラン（以下「CR」），ディナーレストラン（以下「DR」），ラグジュアリーレストラン（以下「LR」））の5区分である（**図表2-4**）。

　外食は主に業種と業態により区分されるが，回転寿司店，和食FRといったように，業種と業態の双方を用いて区分する場合がある。

①　ファストフード（FF）

　客単価500円前後で顧客に安く早く料理を提供するのがファストフードの最大の特徴である。客席への配膳はあまり行わずにカウンター越しに料理を提供する。店内での飲食（以下「イートイン」）や持ち帰り（以下「テイクアウト」）でも，提供方法は原則として同じである。特にテイクアウトは，スーパー，コンビニエンスストア（以下「コンビニ」），デパートの食品売り場（以下「デパ地下」）と同じ提供方法なので小売業に近い業態である。FFが複数出店し客席をシェアしながら集合体としての飲食空間を提供するのがフードコートである。ここでは一カ所で様々なメニューを選択することができるという利便性と，小売と空間提供の機能が発揮されているといえよう。

図表2-4　業態の客単価と客数のイメージ

客単価
イメージ

高級専門料理店（LR）
客単価10,000円以上
超技能的・テーブルサービス
提供時間/不特定

ディナーレストラン（DR）
客単価5,000円〜10,000円
技能的・テーブルサービス
提供時間/不特定

カジュアルレストラン（CR）
客単価1,500円〜5,000円
技能的・テーブルサービス
提供時間/不特定

ファミリーレストラン（FR）
客単価1,000円前後
定型化・テーブルサービス
提供時間/15分以内

ファストフード（FF）
客単価500円前後
定型化・カウンターサービス
提供時間/5分以内

客数ボリュームイメージ

出所）筆者作成

　FFには素早く料理を提供するためのシステムがある。大手ハンバーガーチェーンには，提供時間1分以内を実現させる代表的なビンシステムがある。AIを用いた正確な来店予測により料理をあらかじめ作っておき，ビンと呼ばれるスペースに保管しておく。この保管時間は約10分間である。この時間を超過した料理は廃棄される。したがって，このシステムを導入するには，多数の来店予測が可能な店舗立地が前提となる。

　FFには少品種大量販売に適した厨房がある。少ないメニュー数の料理を大量に短時間で販売するために，専門特化した調理器具を備えたコンパクトな厨房である。ここでマニュアルにより即戦力化されたパート・アルバイトが高効率で料理を作り，多数の来店客にオペレーションする。この少品種大量販売を維持するには，圧倒的な競争優位となる商品力が不可欠となる。

そのために，FF各社は，既存メニューの品質改善，新メニューの開発，オペレーションの改善といった分析・研究・開発に力を注ぎ，競争優位性を確保しようとしている。これが衰退すると低価格化による価格競争に走る傾向がある。競合チェーンが互い疲弊した挙句に，売上・利益の確保が困難となるケースが後を絶たない。

FFには，ハンバーガー，フライドチキン，サンドイッチ，ドーナツ，牛丼，うどん，そばなどを主力商品とするチェーンがある。

②　ファミリーレストラン（FR）

客単価1,000円位のテーブルサービスがあるファミリーレストランの業態である。アメリカのコーヒーショップをモデルとし，日本で開発され発展を遂げた。ハンバーグを中心にエビフライ，カレーライスといった子供にも大人にも人気のメニューを取り揃え，ファミリーをターゲットするFRが1970年代に登場した。「ファミリーレストラン 御三家」といわれた「ロイヤルホスト」「すかいらーく」「デニーズ」は，1980年代には急速に店舗数を拡大した。強力なライバル同士による激しい競争が展開される中で，これらFRの商品の陳腐化が始まる。

こうして食の欧米化の波に乗り躍進を遂げたFRは，同じ波に乗った中食の影響をもろに受ける。工場で大量生産されたFRの商品は，スーパー，コンビニ，デパ地下などのレトルト食品，調理済み総菜と品質・価格での差別化が難しい。和食，イタリアンなどのメニューを多彩に取り入れ差別化を図ろうとするが，独自性を確立できないまま，商品のコモディティー化（第3章1.2）が進んだ。また，現在はFRに近い回転寿司店，焼肉店が市場参入し競合に拍車をかけている。これを打開すべく，手作り，焼き立て，シズル感のある炭火焼ビーフ100％ステーキハンバーグなどを主力商品に据え，本来のレストランの魅力を引き出そうとしている。

一方，客単価1,000円前後のFRよりも安い800円前後の低価格帯FRである「びっくりドンキー」や「サイゼリア」などは，バブル経済後の1990年代でも

健在であった。すかいらーくは，この低価格帯に「ガスト」として参入し業態転換を図る。これに多くのチェーンが追随するという，いわゆる「ガスト化」現象が起きた。

　客単価を下げて，なお同じ売り上げを維持するには，その分客数を増やさなくてはならない。これを競合チェーンも行うことにより，価格競争が激しさを増す。強力な差別化商品がない横並びでは，コモディティー化が進む。そして結果として，売上減，利益減が深刻化するという「諸刃の剣」の危険がここには潜んでいた。

　しかしながら「ガスト」は，機械化により調理・サービスの効率化を達成し，強い商品力を発揮することにより成功を収めた。

③　カジュアルレストラン（CR）

　客単価1,500円〜5,000円位のカジュアルレストランである。この郊外型の店舗をFRと区別してDRとする分類もある。高齢者をも含むファミリーをターゲットとするレストランも多く，同じ客単価の焼肉店，寿司店などと競合するケースが多い。ここには，ステーキの「フォルクス」，和食の「藍屋」「レッドロススター」「シズラー」などがある。

　この客単価4,000円位は，ニーズがない「真空マーケット」の価格帯とされた経緯があった。しかし，現在ではベーカリーレストランの「サンマルク」などもこの市場で成功を収めている。

④　ディナーレストラン（DR）

　客単価5,000〜10,000円位のディナーレストランである。マニュアルをベースとしながらも，専門技術を用いた商品やサービスを提供する。しゃぶしゃぶの「木曽路」，中華の「銀座アスター」などがある。

⑤　ラグジュアリーレストラン（LR）

　主に大都市で客単価10,000円以上の高級専門料理店やホテル内のラグジュア

リーレストランである。高度な調理技術をもつ職人が作り出す高級料理を提供する。大手のホテルレストランや専門料理店の調理長は，管理職として生産管理や労務管理に従事し，自ら調理しないことが多い。徒弟制度的なピラミッド組織のもとに，調理長直属の部下を上位下達で動かす。このような調理システムは，調理職人を介さないで産業化した外食チェーンの調理システムとはコンセプトが全く異なるといえよう。

　しかし，一時に多人数の料理を提供する必要があるブライダルや記念パーティーなどの宴会に対応するために，調理の一部またはすべてを外注（以下「外部化」）し調理効率を高める傾向が強まっているといえよう。労働集約的で生産性の低い作業環境下で，人手不足が深刻化する調理システムでは，調理の外部化が有効な解決策となっているといえよう。

5　業種・業態の混合区分

　ここでは業種・業態の双方にまたがる混合的な区分を紹介する。

①　回転寿司店

　顧客が機械で運ばれた様々な寿司を自由に選択するという，現在では日常のシーンとなった回転寿司。登場した当初は奇想天外であったといえよう。それまでは，いわゆるカウンター内に立った寿司職人が目の前で握った寿司をカウンター越しに提供し，料金は表示せず高客単価といった店が一般的であった。

　これに対し，回転寿司店は全く異なるオペレーションを行う。「おひつ型シャリ成型機」から出てきたシャリ玉にパートやアルバイトがネタを載せた寿司，あるいは寿司ロボットが自動的に握った寿司を，チェーンコンベアやベルトコンベアなどにより顧客の目の前まで運ぶ。料金は一皿すべて100円と明瞭にする。これらは寿司店のイノベーションであった。

　今日は，異なる種類の寿司でも，既に回転している同類の寿司でも別途注文できる。各テーブルに自動給茶機があり，自動会計システムも導入されている

店が一般的となった。FRと同様に郊外ロードサイドへも出店し始めたので，FRの新業態となりつつある。

② 焼肉店

焼肉店には，調理スタッフが肉を焼いて提供する店と，顧客がセルフで肉を焼く店がある。後者は，顧客がまず美味しそうな肉を見る。そして，肉の焼ける音，シズル感，煙，焼ける匂いを楽しむ。そして，焼き立ての肉を口に運んで，舌触りと味を堪能する。このように，視覚，聴覚，嗅覚，触覚，味覚を満足させることができる。

スタッフは小分けされた肉を盛り付け提供するだけなので調理効率が良い。肉をセントラル・キッチンや外部化によりカット，下味付け，小分け，盛り付けなどして配送するパターンもある。

無煙ロースター，排気吸気ダクトなどの設備投資がかさむので，初期投資がかかる装置産業的な要素があるものの，人件費を抑え，厨房面積を少なくし，客席数を増やことができる。

この効率性を活かして原価率を上げ，安く提供しながらも利益を出すといった経営に徹することができる。

少し前までは，肉を焼いた油や煙が衣服や身体に付いてしまう不快さが，女性客に敬遠された。しかし，進歩を遂げた高機能設備が，これを改善しつつある。

焼肉は夏場に売上が伸びる傾向がある。一方で，焼肉と同様の効率経営が可能なしゃぶしゃぶ店は，基本的に鍋物を提供するために，夏場に売上が低迷する傾向がある。これを回避するために，夏季に客数が伸びる焼肉をメニューに取り込み，年間を通して売上を安定させる店舗もある。

③ 定食店

男女雇用機会均等法の施行に伴い，男女が同じ働き方をするようになった。したがって，男性と同様に女性1人で日常の外食をするニーズが増えた。しか

し，女性の好む雰囲気に合わない男性客中心の既存定食店が多く，これらは女性の新ニーズにはマッチしていなかった。これにたいして，定食店「大戸屋」などは，女性の新ニーズにマッチした雰囲気，清潔感，料理を提供した。これによって，男女とも抵抗なくすんなり入店できるユニセックスな定食店が増加したといえよう。

④　カフェ

　コーヒーを主体としながらもフードメニューを提供するカフェは，FF業態と空間を提供する業態との二極化傾向にある。ドトールコーヒーを筆頭とする低価格帯のカフェは，セルフサービス，低価格，狭い客席，高回転などをコンセプトとする。これに対しスターバックスは，セルフサービスながらも高めの価格設定で，くつろげる多機能な空間を提供するといったコンセプトである。そして，カフェラテ，カプチーノを主体としながらも次々に新メニューを投入してヒットさせ，ブランドイメージを高めている。

⑤　居酒屋

　居酒屋は昔からある業態である。焼き鳥，もつ煮，おでん，魚料理，串揚げなど，1つの料理を定番とした居酒屋が多数を占めていたが，現在ではこれらの料理を総合的に提供するコロワイド，モンテローザ，わたみ，庄や，養老の滝などの居酒屋チェーンが全国展開している。コロワイドグループは当初に「甘太郎」や「三間堂」などの居酒屋チェーンを展開した。その後のM&Aにより，「牛角」を展開するレインズインターナショナル，カッパ・クリエイトなどを傘下に収めて総合的な外食企業となり，居酒屋チェーンにおいても多様な料理を提供している。

　これらの居酒屋チェーンの客単価は約2,000円〜3,000円だが，客単価約4,000円の新しいタイプの居酒屋が首都圏に登場した。いわゆるワイガヤを避け，落ち着いた雰囲気を求めるビジネスパーソン向けの和食居酒屋「えん」は，高級感がある内装を施し，ゆったりできる椅子・テーブルで客席を設け，高級日本

料理のような創作和食を比較的安価で提供する。

　客単価4,000円はそもそもニーズがない「真空マーケット」といわれたが，首都圏の居酒屋においてその存在価値が証明されたといえよう。このような隙間（ニッチ）マーケットは，居酒屋のみではなく様々な業態において見直されている。

　上述（本章4③）のベーカリーレストランの「サンマルク」や，「俺のフレンチ」（俺の株式会社）などがこの市場で成功を収めている。

6　レストランの新業態開発

　業種を横軸，業態を縦軸にとって飲食店の分布を描くと**図表2-5**のようになる。この分布に当てはまらないニッチな領域を探索し，そこから新タイプの業態を模索することができる。

　例えば，DRの料理を，CRの価格帯で提供する「俺のフレンチ」の業態は，フレンチ専門店の業種分布から客単価を下方に移動した分布となる。料理の原価率を上げ割安感を出すが，飲み物はやや高めの価格設定とし，収支バランスをとる。原則立食スタイルでテーブル回転率を高める。これは高級フレンチを比較的カジュアルに食べることができる新業態であり，既存の業種・業態分布に当てはまらないニッチな領域での成功例である。

　また，和食系の総合居酒屋が多い中で，エスニック料理系のタイ料理，ベトナム料理居酒屋，そして中国料理系の飲茶居酒屋なども，既存の業種・業態分布に当てはまらないニッチな領域のケースである。

図表2-5　業種と業態の客単価区分

客単価(円)	業態／業種	ハンバーガー	牛丼	そば・うどん	寿司	日本料理	西洋料理	中国料理	ステーキ	焼肉	しゃぶしゃぶ
	高級専門料理店 LR					日本料理 LR	西洋料理 LR	中国料理 LR	ステーキ LR		
11,000											
10,500											
10,000											
9,500											
9,000											
8,500	ディナーレストラン DR					日本料理 DR	西洋料理 DR	中国料理 DR	ステーキ DR		
8,000											
7,500											
7,000											
6,500											
6,000											しゃぶしゃぶ店(高級)
5,500											
5,000					寿司店						
4,500						「俺のフレンチ」★					
4,000	カジュアルレストラン CR					和食居酒屋(高級)				焼肉店(高級)	
3,500											
3,000					回転寿司(高級)						
2,500						居酒屋					
2,000				そば・うどん専門店						焼肉店	
1,500		グルメバーガー			回転寿司FR	和風FR	洋風FR	中華FR			和風FR
1,000	ファミリーレストラン FR										
500	ファストフード FF	洋風FF		和風FF							

出所）筆者作成

第**3**章

フードサービスの
商品開発

1 フードサービスの独創性・新規性・模倣困難性

　繁盛店をしっかりと作るには，料理・サービス・空間の独創性・新規性・模倣困難性が必要となる。この3要素により，他の追随を許さない競争優位性が確立される。特に料理には欠かすことができない3要素である。

　独創性は独自の発想による料理・サービス・空間のオリジナリティである。これに新規性が加わると，料理・サービス・空間の革新的なイノベーションとなる。

　ただし，真似されると独創性・新規性が色あせる。同様の製品・サービスが出回れば，市場価値が低下しコモディティー化が起きる。これを避けるためには，模倣困難性が必要となる。競合他社が独創性・新規性のある魅力的な料理・サービス・空間を血眼になって探索している中で，他者による模倣が困難な料理・サービス・空間を提供することで，市場価値と競争力を継続的に維持できる。

　したがって，独創性・新規性・模倣困難性をしっかり確立することは，「戦わずして勝つ」ための持続的競争力の核であり，「繁盛店のしくみと作り方」における要（かなめ）となる（**図表3-1**）。

図表3−1

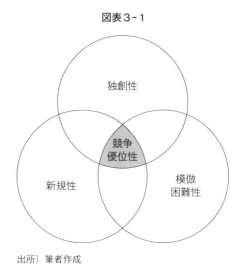

独創性

競争
優位性

新規性

模倣
困難性

出所）筆者作成

1.1　模倣困難性

　模倣困難性とは，他者が「真似することが難しい特性」である。例えば，自分で作りたいのだが，真似するのが難しいとても美味しいカレーを思い浮かべてみよう。

　カレーには様々な香辛料が入っているが，次ならばどうであろう。①どのように入手するのか分からない。②長い時間をかけて入手しなければならない。③どのように発香・発色・配合・加工・調理するのか分からない。これらが「真似することが難しい特性」となる。

　さらに，カレーをビジネスとして作るならばどうであろう。④どのように安く入手するのか分からない。⑤どのように安く加工・調理するのか分からない。⑥どのように多く加工・調理するのか分からない。⑦法規制によって複製できない。これらがビジネスでの模倣困難性となる。これらをまとめると次になる。

　　①　どのように入手するのか分からない。（入手方法）
　　②　長い時間をかけて入手しなければならない。（入手時間）

③　どのように発香・発色・配合・加工・調理するのか分からない。（製造方法）

④　どのように安く入手するのか分からない。（入手価格）

⑤　どのように安く加工・調理するのか分からない。（製造価格）

⑥　どのように多く加工・調理するのか分からない。（製造数量）

⑦　法規制によって複製できない。（特許・実用新案等）

　特に特許・実用新案などを取得すると，他者に対して排他的に法的権利を行使できるので，模倣困難性が非常に強まる。他者が模倣するにはこの権利が壁となって立ちはだかる。このために他者は使用料を払う，あるいは買収するなどして模倣する権利を取得しない限り，模倣することは不可能となる。

1.2　コモディティー化

　繁盛店を作るために，まず回避すべきはコモディティー化である。コモディティー化とは，同類商品が市場に多数出回り，商品間の差がない同一化によって，市場価値が低下する状態を示す。

　レストランは差別化できる新商品開発に多くの時間・コスト・エネルギーを投入するが，価格競争による低価格販売に巻き込まれると，利益は減り投資コストの回収もままならないといったマイナスの影響を受ける。

①　コモディティー化の要因１：過剰供給

　多くのレストランがマーケットに参入すると，供給量が需要量を超え過剰供給となる。限られた需要に対し売上を確保しようとするレストランは，競合店よりも安い値段で販売を試みる。このとき，商品をバージョンアップするような改善があれば，差別化商品となり競争優位性が高まるが，安易な価格競争に陥るとコモディティー化が加速する。

② コモディティー化の要因２：模倣性

　多くのレストランがマーケットにおけるヒット商品を必死に探索している。発見すると，ヒット要因を分析・模倣・試作し，量産化によりスケールメリットを発揮し，低価格品を販売するといったケースが多い。さらに，ヒット商品を改良した新ヒット商品を開発し，低価格販売すると競争優位に立てる。最初にヒット商品を開発したレストランのマイナス影響は大きい。したがって，模倣困難性をバリアーのように張ることができれば，競争優位を持ち続けるという強みを発揮できる。

　特に，特許や実用新案などは，取得困難だが強力なバリアーとなる。新商品開発ではコモディティー化を想定し，模倣リスクを計画的にマネジメントすることが必要である。

③ コモディティー化の要因３：モジュール化

　モジュールとは，「独立性が高く交換可能なひとまとまりの機能」という意味であり，大量生産されたモジュール化部分を使って多品種の商品を作ることができる。レストランは効率的に新商品を作れるが，他と同質化しやすい。そこで，特許や実用新案などの権利を排他的に行使して，商品の一部をモジュール化することも多い。このモジュール化は，コモディティー化が進む一要因である。

④ コモディティー化の要因４：産業構造

　レストランの産業構造からも，コモディティー化の要因を探ることができる。バリューチェーンの上流と下流に位置するビジネスは付加価値が高くなるが，中流は付加価値が低くなる，という製造業で用いられる説がある。これを図で表すと笑ったときの口の形に似た曲線を描くことから，スマイルカーブと呼ばれている（**図表３-２**）。これを応用して，レストランのコモディティー化を探ることができる。

　外食の上流では主に食品（食材）が流通し，中流では調理，下流ではサービ

図表3-2　スマイルカーブ

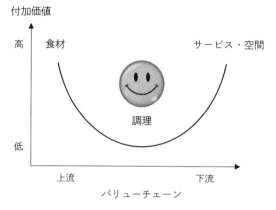

出所）筆者作成

ス・空間の提供が主として行われる。これをスマイルカーブに当てはめると，付加価値は上流の食品（食材）では高く，中流の調理では低く，下流のサービス・空間では高いといったカーブとなる。

⑤　顧客とコモディティー化

　しかしながら，コモディティー化は，ステークホルダー（利害関係者）の立場によって影響が異なる。レストランにとってはマイナスだが，消費者である顧客にとってプラスとなることが多い。コモディティー化により多くのレストランで同質商品を安く食べることができる。例えば，日本国中のどのFRやFFでも，同質の美味しくて安いカレーを食べることができれば，顧客満足は高まるであろう。コモディティー化による供給増が消費を喚起し，需要増となるケースもある。

1.3　コモディティー化から見た食材例

① 　コモディティー化する食材例：クロマグロ

　例えば，本マグロ（クロマグロ）は，バリューチェーンの上流に位置する高

級食材で人気がある。天然と比べてやや割安で安定供給されつつある養殖を中心に，回転寿司ではクロマグロが一般的に普及している。回転寿司の黎明期ではビンナガマグロが主流であったが，これよりも高付加価値のクロマグロが今日では台頭している。

日本の回転寿司を含む寿司店舗数は22,557軒と多い[1]。回転寿司を中心に，単純調理である寿司が低価格で普及しことによりコモディティー化が進んでいる。これは，上流で高付加価値のクロマグロを用いても，中流の調理過程で高付加価値を生み出しづらくなっているケースである。下流のサービス・空間の付加価値を上げない限り，コモディティー化はさらに進むだろう。娯楽性のある回転寿司コンベアにも，コモディティー化の波が押し寄せているのではないだろうか。特に，中流の調理過程が単純である寿司は，真似されやく模倣困難性が低いために，中流でのコモディティー化が進行するであろう。

② コモディティー化が薄れる食材例：黒毛和牛

黒毛和牛は，バリューチェーンの上流に位置する希少な高級食材である。黒毛和種として世界に冠たるブランドを確立した。焼肉・ステーキ・しゃぶしゃぶ・すき焼きといった料理で，上質な牛肉そのものを堪能しようとする顧客ニーズに応えているレストランは多い。調理自体は単純で真似されやすいので，「③どのように発香・発色・配合・加工・調理するのか分からない。（製造方法）」の模倣困難性があまりない。

しかし，飼育コスト・時間・労力といった生産者の課題による食材の希少性が進行すると，「①どのように入手するのか分からない。（入手方法）」「②長い時間をかけて入手しなければならない。（入手時間）」といった"複雑に結合された流通ルート"が，高い希少性とともに模倣困難性となるであろう。

③ コモディティー化していない食材例：ジャージー牛乳，四元豚

ジャージー牛乳や四元豚は，バリューチェーンの上流に位置する高級食材である。「蒜山ジャージー牛乳」[2]（後述）や「阿波美豚」[3]などがあり，生

産者のビジネスがフードツーリズムとともに高付加価値を生み出している。これらは，生産量が少なく希少価値が高い。調理とともに模倣困難性を確立することで，中流でも高付加価値を生み出すことができるといえよう。

1.4　コモディティー化しないサービスの提供

　一方で，単に料理を提供するのみではなく，下流の顧客に近いところで顧客ニーズを満足させるようなサービスを提供することで，高い付加価値を生み出し成功しているビジネスモデルがある。

　顧客データを分析し，的確に把握した顧客ニーズに応えられるきめ細やかなホスピタリティを提供することで，料理のみならず高付加価値なサービスを同時に提供できるレストランは，コモディティー化の波に飲み込まれることなく高付加価値を産出している。

　また，回転寿司店では機械（コンベア）で料理を運ぶために，ホールスタッフと顧客が非接触となるメリットがあり，コロナ禍で付加価値となっている。もちろん，回転する料理への飛沫対策や，カウンター席の空間確保などの改善は今後とも必要であるにせよ，ポテンシャルは高い。

　焼肉店では，完備されている煙除去の吸排気設備を改善することで，飛沫対策が有効になるだろう。このような下流域での新たな高付加価値の創造に期待がかかる。

　コモディティー化による低価格化の波は，レストランを収益と顧客満足とのトレードオフに陥らせてしまうことが多い。しかし，低価格化の波に飲み込まれることなく，高付加価値を提供し顧客満足を増加させることによって，解決可能な課題となる（**図表3-3**）。このソリューションが，コモディティー化のリスク回避につながる。そのためにも，独創性・新規性・模倣困難性を確立することが必要である。

図表3-3　スマイルカーブと課題解決

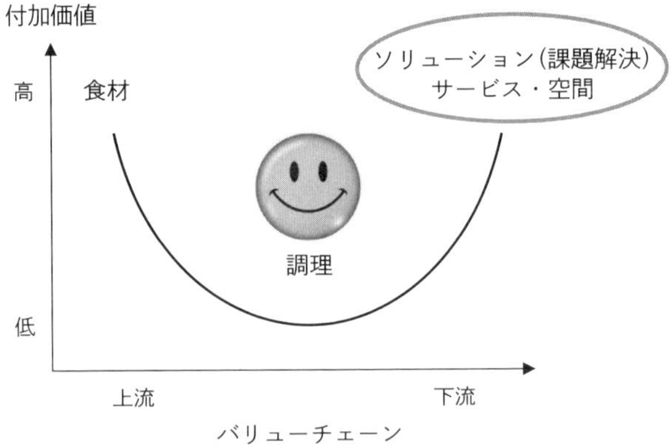

付加価値

高　　食材　　　　　　　　　　ソリューション（課題解決）
　　　　　　　　　　　　　　　サービス・空間

調理

低

上流　　　　　　　　下流

バリューチェーン

出所）筆者作成

2　独創性・新規性・模倣困難性を生み出す
　３つの発想法

　独創性・新規性・模倣困難性を生み出すには，料理・サービス・空間におけ
る独自の発想が必要である。ここで３つの発想法を紹介する。日常一般的に用
いる「同類連想法」「抽象連想法」と，イノベーションの素となる独創性・新
規性を生み出す「インプット・アウトプット・システムで発想する方法（IOS
思考法）」である。

①　同類連想法
　"生卵" を "ゆで卵" にしたいが "鍋" がない。このような場合はどうすれ
ばよいのだろうか。まず，鍋と同類のもので代替するにはどうしようか，と考
えるのではないだろうか。例えば，"やかん" のようなものを思いつく。中に
水を張って生卵を入れる。火にかけて加熱すれば，ゆで卵を作ることができる
という "鍋と同類の連想" である。これを「同類連想法」という。

②　抽象連想法

次に"湯の熱"を使うという機能に気がつけば，"湯の熱"を使い代替できるものとして"蒸し器"を思いつくだろう。これは，"同類の鍋"から離れて加熱した水の機能を抽出したことになる。これが「抽象連想法」である。しかし，ここではまだ「水や容器」の発想から離れていない。

③　インプット・アウトプット・システムで発想する方法（IOS思考法）

インプットは"変換されるもの"，システムは"変換するもの"，アウトプットは"変換されたもの"とする。ここで，生卵はインプットの"変換されるもの"，ゆで卵はアウトプットの"変換されたもの"である。要するに「生卵をゆで卵に変換すればよい。」と考える。次に「水や容器」を一旦忘れ，ここから離れて発想すると新たな発想に結び付く可能性が高い。

そもそも，変換されたゆで卵と変換される前の生卵の違いは何かと考えると，ゆで卵は生卵のたんぱく質が凝固したという変換があったことが分かる。つまり，インプットの生卵のたんぱく質を凝固させる変換を行えばゆで卵をアウトプットにできる。では，このたんぱく質を凝固させる"変換するもの"を探索すればよいという発想にたどり着くことができる。

生卵に熱エネルギーを与えてゆで卵に変換する。このシステムでは（1）オーブン（2）スチームオーブン（3）スチーム・コンベクションオーブン（4）サウナなどの手段を発想できるであろう。

また生卵の分子を電子で振動させる摩擦熱（誘電加熱）によりゆで卵にする。すなわち，生卵のたんぱく質の分子を，電子で振動させることにより凝固させゆで卵に変換する。このシステムでは⑤電子レンジを手段として発想できるであろう。ここでは「水や容器」から離れて発想できたことが分かる。

3　IOS思考法による独創性・新規性・模倣困難性の創出

インプット（I）・アウトプット（O）・システム（S）によって発想するのがIOS思考法である（**図表3-4**）。

理想的コンセプトがあり，独創性・新規性・模倣困難性の高い商品を創出するためには，IOS思考法により次のように発想することが有効である。

① アウトプット（O）の理想的コンセプトを探索する。
② インプット（I）を3つの展開により探索する。
③ システム（S）の最適な情報・手段を探索する。

ここでは，食材をインプットとして，調理のシステムに投入し，料理をアウトプットとする。以下に，このIOS思考法によって新商品を開発する手順を詳しく見ていく。

図表3-4　IOS思考

インプット（I）のアウトプット（O）へのシステム（S）による変換

出所）筆者作成

3.1　IOS思考法 手順1：アウトプット（O）・インプット（I）・システム（S）の選択

　アウトプット（O）は，インプット（I）がシステム（S）によって「変換されたもの」である。そして，システム設計者が得たいと望むシステム（S）の産出物である。繁盛店を作るためには，このアウトプットに理想的コンセプトを求めていく。

　例えば，「割高感がなく，コモディティー化せず，購買意欲を掻き立てる。」といったコンセプトを求めるとする。これをビジネスとして成功させるならば，独創性・新規性・模倣困難性を確立することが必要となる。

①　アウトプット（O）の明確化

　まずアウトプットである"ゆで卵"を明確化していく。"ゆで卵"とはそもそも何であろうか。"ゆで卵"とは卵料理の一種であり，鶏卵など鳥類の卵を殻付きの状態でゆでて凝固させた料理の総称である。ゆでる時間や温度によって完熟卵，半熟卵，温泉卵などに分類される。

　半熟卵は卵白が凝固し，卵黄がゲル状で流動性のある"ゆで卵"である。また温泉卵は反対に卵黄が凝固（もしくは半凝固）し，卵白がゲル状で流動性のある"ゆで卵"である。

　アウトプットの明確化では，それぞれの"ゆで卵"の中から最適な候補を特定しなければならない。ここでは，例として"温泉卵"を選択する。

②　インプット（I）の詳細化

　インプット（I）はシステムに投入される「変換されるもの」である。そして，アウトプットを産出するために必要となる代替のきかない投入物である。インプットを必要最小限のものにすると効率的に設計することができる。

インプットの詳細化には，次の3つの方法がある。

(i)　上方展開
(ii)　水平展開
(iii)　分解展開

(i)　インプットの上方展開
　　インプットの上方展開とは，暫定的に決めたインプットについて，その状態を時系列的に遡って順序よく次のように並べて表示する作業である。ただし，インプットの上方展開は究極まで行う必要はない。

　　　　　インプットの「生卵」を上方展開した例
　　　　　14：産まれる前の生卵
　　　　　　　　↑（その前の状態）
　　　　　13：農家にある生卵
　　　　　　　　↑（その前の状態）
　　　　　12：問屋にある生卵
　　　　　　　　↑（その前の状態）
　　　　　11：店頭に陳列されている生卵
　　　　　　　　↑（その前の状態）
　　　　　10：生卵

(ii)　インプットの水平展開
　　インプットの水平展開とは，同一時間上で次の様に水平的に展開する方法である。

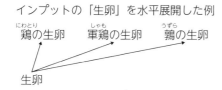

インプットの「生卵」を水平展開した例

鶏の生卵　　軍鶏の生卵　　鶉の生卵

生卵

　水平展開をしたら，各インプットをさらに時系列で遡り上方展開することで，インプットの詳細について発想することができる。

(ⅲ)　インプットの分解展開

　インプットを属性によって分解する作業である。

　インプットを分解して属性の異なるものからできていることが分かったら，インプットを次のように各属性に分岐させる。

インプットの分解展開の例

卵黄　　卵白　　卵殻

生卵

　これらのインプットの詳細化の３つの方法をすべて用いて次のように展開する。

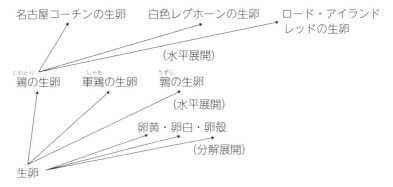

農家にある生卵

↑ （上方展開）

問屋にある生卵

↑ （上方展開）

店頭に陳列されている生卵

↑ （上方展開）

名古屋コーチンの生卵　　白色レグホーンの生卵　　ロード・アイランド
　　　　　　　　　　　　　　　　　　　　　　　　　　レッドの生卵

　　　　　　　　　　　　　（水平展開）

鶏の生卵　　　軍鶏の生卵　　鶉の生卵

　　　　　　　　　　　　　（水平展開）

　　　　　卵黄・卵白・卵殻

　　　　　　　　　　　　（分解展開）

生卵

　このように詳細展開したインプットの中から，適当と思われるインプットを選択する。インプットを分解し，かつ分解後のインプットを選択する場合は，各属性からインプットを選択する。

　例えば，「農家にある生卵」と「名古屋コーチンの生卵」を選択して組み合わせ「農家にある名古屋コーチンの生卵」をインプットとして確定する。

インプットの特徴

　さて，「農家にある名古屋コーチンの生卵」は各種ある。高品質の名古屋コーチンの生卵を供給できる生産者を厳選し契約することで，商品にブランド力を付けることが可能である。また，その供給ルートを秘匿化（秘密にすること）すれば，入手ルートのブラックボックス化による模倣困難性となる。

　名古屋コーチンは，愛知県特産である鶏の卵肉兼用種である。後に「名古屋種」と改名されたが，現在も「名古屋コーチン」で流通している。名古屋コー

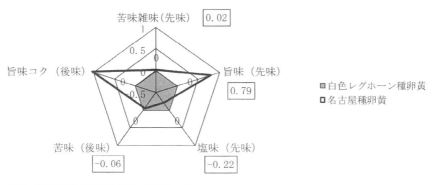

図表3-5　味覚センサーによる卵黄の味覚推定差

出所）愛知県農業総合試験場研究報告第45号

チンの卵は美しい桜色をした卵殻が特徴である。卵の中には白い斑点が付いているものも見られる。卵はやや小ぶりだが，卵黄の色が濃く，舌触りが滑らかで，味が濃厚でコクがある。味を認識する装置である味覚センサーによる卵黄の味覚推定差では，一般的な白色レグホーンの卵黄と比較して旨味とコクが優れていることが判明している（図表3-5）。したがって，これをインプットとすることにより，アウトプットの旨味とコクを引き立たせることができると考えられる。

味覚センサー

　人間は舌にある味蕾という味覚細胞で味覚物質の電位の変化を測定する。この変化を電気信号として，神経細胞を通して脳の味覚野に伝える。脳はこの信号により美味しい，まずいと判断する。

　味覚センサーには味覚細胞と同じメカニズムのセンサーがある（図表3-6，図表3-7）。これに物質を付けて電位の変化を人工的に測定し，様々な食品の味を数値化できる。甘味・酸味・塩味・苦味・旨味の五味の他にも，いわゆる「コク」「キレ」も測定できる。

　したがって，このような分析測定器をインプット選択やアウトプット特性の

基準設定に活用することも可能である。

図表3-6　味覚センサー

出所）株式会社インテリジェントセンサーテクノロジー「味覚センサー」

図表3-7　味覚センサーのしくみ

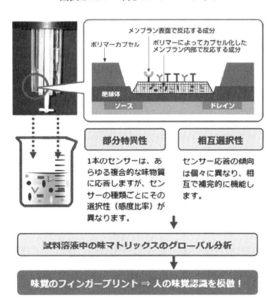

出所）株式会社インテリジェントセンサーテクノロジー「味覚センサー」

インプットとアウトプットの属性の一致

　インプットはアウトプットを産出するために必要で代替のきかない投入物である。したがって，インプットとアウトプットの属性は一致しなければならない（**図表3-8**）。

　例えば，パスタをアウトプットとするのに，そば粉をインプットとしたのでは双方の属性が一致しないのでこのシステムを設計することはできないであろう。パスタには小麦粉（デュラムセモリナ粉）が，属性の一致する必要で代替のきかないインプットとなるであろう。

　しかし余談ながら，科学技術の進歩や新発明によって，これに替わる属性の一致する新たなインプットが登場するかもしれない。ここにもイノベーションのタネが潜んでいるといえよう。

図表3-8　インプットとアウトプットの属性の一致

インプット（I）のアウトプット（O）へのシステム（S）による変換

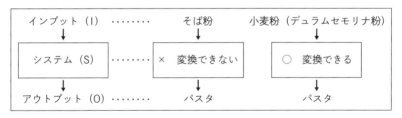

出所）筆者作成

③　システム（S）の設計

　システム（S）は，インプット（I）をアウトプット（O）に「変換するもの」である。システム設計者が得たいと望むアウトプット（O）を産出する"しくみ"である。そして，システムにはシステム要素としてヒト・モノ・情報の手段が必要である。

　まず，調理法（レシピ）や食材についての情報が必要となる。ここでは，例として選択した"温泉卵"を，アウトプット（O）として産出するのに必要な

図表3-9　温泉卵

情報を探索する。

　卵は卵白と卵黄では加熱凝固温度が異なる。卵黄は65〜70℃で流動性が少ないゲル状となり75℃で弾力性がなくなり凝固する。これに対し，卵白は62℃から白濁し凝固を始めるがゲル状のままで流動性があり，80℃で完全に凝固する。

　この卵黄と卵白の凝固温度差を利用して温泉卵を作ることができる。システムではこの作用を"しくみ"に取り入れ，固定概念，既成概念にとらわれずにまず自由に発想することを心掛ける。その後に安全性，効率性，経済性などを取り入れて実施設計に移す。

　そして，システム要素のモノとして器具が必要である。生卵に熱エネルギーを与えてゆで卵に変換するシステム要素として①オーブン②スチームオーブン③スチーム・コンベクションオーブン④サウナなどがある。

　また生卵の分子を電子で振動させる摩擦熱（誘電加熱）によりゆで卵にする，すなわち，生卵のたんぱく質の分子を，電子で振動させることにより凝固させゆで卵に変換する。このシステムでは⑤電子レンジを手段として発想できるであろう。ここでは「水や容器」から離れて発想できたことが分かる。

　さて，固定観念や既成概念にとらわれずに，電熱式のサウナで"温泉卵"を作る実験を試みたところ，生卵を70℃で90分間加熱することで成功した。このことから，少なくともシステム要素は調理用器具でなくともゆで卵を作ることができることを実証できた。

　次に紹介する「冷却機能付きスチーム加熱調理器」は，①低温から高温まで正確な温度制御，②正確な湿度制御によるスチーム加熱，③プログラム自動運転，④同温度帯の多品目調理が可能なハイスペックな調理器である。これをシステム要素に用いることにより，安全性，効率性，経済性の高い調理が可能となるであろう。

　製造元のエスペッククリヤラボ株式会社は，次の事業方針を掲げ，調理のイノベーションを加速しようとする意志を表明している。

① 成熟した市場に対し，温度や圧力などの環境因子にこだわった，独特でユニークな食品機械を市場投入する。

② 調理や食品加工のプロセスを科学的に検証し，食品機械業界に新風を吹き込む。

図表3-10　冷却機能付きスチーム加熱調理器

出所）エスペッククリヤラボ株式会社「冷却機能付きスチーム加熱調理器」

3.2　IOS思考法 手順2：可能展開法による新商品開発（1）

　さて，アウトプットに選択したこの温泉卵をどのように商品化するのか。そのまま商品化することもできるが，他の料理と組み合わせて商品化することもできる。マーケティング・コンセプトに適合し，独創性・新規性・模倣困難性を創出するにはどのようにすればよいだろうか。ここでは可能展開法（できる展開法）という手法を用いて，この組み合わせ方を解説する。

①　可能展開法

　可能展開法は，商品の特徴を抽出し，その特徴を発揮させると何ができるかと次々に発想し，イノベーションの素になるアイデアを導き出す手法である。下記にこの手法の手順を紹介する。

　　　①　商品の特徴を抽出する。

　　　　　　↓

　　　②　商品の特徴を発揮させると何ができるかと探索する。

　　　　　　↓

　　　③　②を可能とするヒントを探索する。

　　　　　　↓

　　　④　③のヒントを用いると次に何ができるかと探索する。

　　　　　　↓

　　　⑤　④による新商品のマーケティング適合性・独創性・新規性・模倣困難性を検証する。

　　　　　　↓

　　　⑥　新商品を確定する。

　この手順により"名古屋コーチンの温泉卵"（以下「温泉卵」）を用いた新商品開発をシミュレーションする。

① 商品の特徴を抽出する。

　　　　　　厳選した温泉卵の特徴は，"旨味とコク" がある

② 商品の特徴を発揮させると何ができるかと探索する。

　　　　　　この "旨味とコク" をさらに引き出す食事

③ ②を可能とするヒントを探索する。

　　　　　　この "旨味とコク" をさらに引き出す 相性の良い "炭水化
　　　　　　物を主成分とする主食"（ヒント）

④ ③のヒントを用いると次に何ができるかと探索する。

　　　　　　この "旨味とコク" をさらに引き出すことができる "炭水
　　　　　　化物を主成分とする主食"（ヒント）と組み合わせた料理

⑤ ④による新商品のマーケティング適合性・独創性・新規性・模倣困難性
　　を検証する。

⑥ 新商品を確定する。

② 　可能展開法：特徴の利用

　次に，上記で抽出した商品の特徴である "旨味とコク" をさらに引き出すことができる相性の良いヒントを探索する。さらに，そのヒントと組み合わせてシナジー（相乗効果）を発揮する料理を探索する。

　"炭水化物を主成分とする主食"（ヒント）である "うどん，そうめん，パスタ，パン，そば，もち，ごはん，フォー" などは，"小麦粉，そば粉，もち米，うるち米（米）" などが主食材である。

　ここで，温泉卵＋主食材（小麦粉，そば粉，もち米，米）としてできる料理には，どのようなものがあるか，各料理を次のように探索する。

　　Ａ：温泉卵＋小麦粉
　　　温泉卵＋うどん＝温泉卵うどん

　　　　　温泉卵＋きしめん＝温泉卵きしめん

　　　　　温泉卵＋そうめん＝温泉卵そうめん

　　　　　温泉卵＋ラーメン＝温泉卵ラーメン

　　　　　温泉卵＋パスタ＝温泉卵パスタ（スパゲッティ）

　　　　　温泉卵＋パン＝温泉卵サンド

　　　Ｂ：温泉卵＋そば粉

　　　　　温泉卵＋そば＝温泉卵そば

　　　　　温泉卵＋そばがき＝温泉卵そばがき

　　　Ｃ：温泉卵＋もち米

　　　　　温泉卵＋もち米＝温泉卵みたらしもち

　　　Ｄ：温泉卵＋米

　　　　　温泉卵＋ごはん＝温泉卵かけごはん

　　　　　温泉卵＋かゆ＝温泉卵がゆ

　　　　　温泉卵＋フォー＝温泉卵フォー

③　可能展開法：マーケティング適合性・独創性・新規性・模倣困難性

　上記①のシミュレーション中の⑤「新商品のマーケティング適合性・独創性・新規性・模倣困難性を検証する」を，上記②で挙げた料理の中から１つを選択して行ってみる。

　前項で挙げたＡ～Ｄは，それぞれ相性が良く互換性がある組み合わせであり，メニューのレパートリーに加えることは可能である。しかし，独創性・新規性では「温泉卵フォー」が選択肢となり得る。また，名古屋コーチンの鶏ガラスープや肉を用いることにより，商品の特徴である“旨味とコク”をさらに引き出すこともできる。そして，名古屋コーチンという食材や生産者（流通ルー

ト）を秘匿しブラックボックス化することによって，模倣困難性を高めることもできる。

　さて，マーケティング・コンセプトは新商品開発の当初に設定すべきだが，ここでは解説のために新商品開発から始めている。仮に当初にマーケティング・コンセプトを設定していた場合，ここで選択した商品は「マーケティング適合性」が高いといえるであろう。

●マーケティングコンセプト
　誰に（顧客）：大学生
　どこで（立地・店舗）：学生食堂
　いつ（営業時間）：11：00〜14：00
　どのように（販売・提供方法）：セルフサービス
　いくらで（販売価格）：500円
　コンセプト：①たまには"プチぜいたく"を満喫することができる旨味とコ
　　　　　　　　クがあるファストフード
　　　　　　　②店舗が満席の時は「テイクアウトできるヌードル」

　テイクアウトのファストフードでは，ハンバーガーやサンドイッチなどと比較してヌードルは液体が多くこぼれる心配があるために敬遠されがちである。しかし，現在は容器が格段に進歩し，この心配を払拭しつつあるといえよう。このことからも，"テイクアウトできるヌードル"はニッチであり，独創性・新規性を創出できる可能性を秘めているといえよう。

　では，ヌードル（麺）をコンセプトとして主食材から選択するとすれば**図表3-11**となる。ここでの選択肢として，ライスヌードル，そば，うどん，パスタを例示した。ライスヌードルはフォーのみではない。日本独自の米を用いた独創性の高い新商品開発が期待される。

図表3-11　新商品開発となる組み合わせ

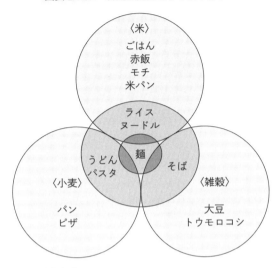

出所）筆者作成

図表3-12　ライスヌードルwithとろり温泉卵

出所）筆者作成

④　可能展開法のシステムデザイン

　インプット（Ｉ）を「名古屋コーチンの生卵」と「パスタ」，アウトプット（Ｏ）を「パスタwithとろり温泉卵」，システム（Ｓ）に「冷却機能付きスチーム加熱調理器」をシステム要素として投入するシステムデザイン図は**図表3-13**である。

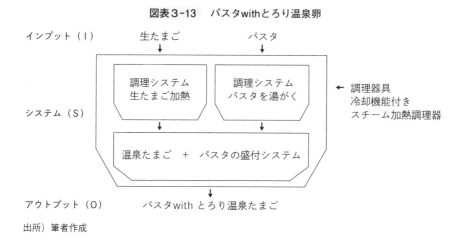

図表3-13　パスタwithとろり温泉卵

出所）筆者作成

　インプット（Ｉ）を「名古屋コーチンの生卵」と「ライスヌードル」，アウトプット（Ｏ）を「ライスヌードルwithとろり温泉卵」，システム（Ｓ）に「冷却機能付きスチーム加熱調理器」をシステム要素として投入するシステムデザイン図は**図表3-14**である。

　もちろん，他の“炭水化物を主成分とする主食”（ヒント）である“うどん，そうめん，パン，そば，もち，ごはん”とも相性の良い組み合わせとなるであろう。したがって，⑤の「新商品のマーケティング適合性・独創性・新規性・模倣困難性を検証する」で各組み合わせを検証した上で，⑥「新商品を確定する」に進む。

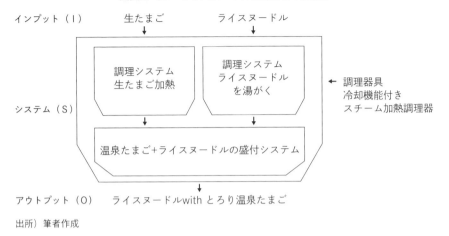

図表3-14　ライスヌードルwithとろり温泉卵

インプット（I）　　　生たまご　　　　ライスヌードル

システム（S）

調理システム
生たまご加熱

調理システム
ライスヌードル
を湯がく

← 調理器具
　冷却機能付き
　スチーム加熱調理器

温泉たまご+ライスヌードルの盛付システム

アウトプット（O）　　ライスヌードルwith とろり温泉たまご

出所）筆者作成

3.3　IOS思考法 手順3：可能展開法による新商品開発（2）

　IOS思考法を用いて，旨味やコクといった優れた特徴がある名古屋コーチンの生卵を温泉卵として使用する新商品開発を例示した。手順1では，名古屋コーチンの生卵を殻付きのままで加熱した温泉卵をアウトプット（O）に設定した。続く手順2では，他の食材と組み合わせるという方法で新商品を開発するシステムを示した。そして，手順3では，インプットの名古屋コーチンの生卵から卵黄・卵白を取り出して調理し新商品とする方法を探索し，新商品を確定する。例えば，以下のような方法が考えられるであろう。

①　卵黄・卵白の凝固

　卵黄・卵白のたんぱく質を凝固させる①熱（熱凝固）については既に述べた。では他にどのような方法で凝固状態にできるのだろうか。例えば，たんぱく質を変性させる②酸（pH値），③塩（塩析），④冷却，⑤凝固剤，⑥糊化食材などを用いる方法がある。

　⑤凝固剤（ゲル化剤）は，分子同士に網目状の構造を作り液体をゼリー状に

固める。ゼラチンなどのたんぱく質系凝固剤（動物由来）と寒天・カラ
ギーナン・ペクチンなどの糖質系凝固剤（植物由来）がある。

⑥　糊化食材は，糊化（a化）により糊化デンプン（a-でん粉）となる小麦
粉，米粉，片栗粉，葛粉などがある。

②　他食材と熱凝固による新商品開発（味覚のシナジー）

　名古屋コーチンの卵の旨味とコクを増幅させ，味覚のシナジーを発揮させる
ことができるプリンを例に発想してみよう。プリンはポピュラーな料理である。
主に牛乳を混ぜ合わせ卵黄・卵白を柔らかく凝固させる。牛乳の味覚は，搾乳
する乳牛により異なる。乳牛には白黒の表皮模様が特徴的なホルスタイン種，
薄い茶色の表皮のジャージー種やブラウンスイス種がある。ホルスタイン種は
大型で搾乳量が多く日本の乳牛の99％を占める[4]。

　ジャージー種は，英国王室のご用達で，濃厚なミルクを出すために特別に改
良された牛である。他品種の牛乳よりも黄色味を帯びていて，乳脂肪率が高く，
良質なたんぱく質，ビタミン，ミネラルなどを豊富に含む。日本ではあまり飼
育されておらず搾乳量が少ないので希少価値が高く注目を集めている[5]。

　岡山県真庭市蒜山（ひるぜん）のジャージー種から採れる牛乳は，非常に美
味しく黄金のミルクと呼ばれている。牧草に含まれるベータカロチンをジャー
ジー牛が摂取することによってうっすらと黄色に輝くミルクが産出される[5]。

　このジャージー種の牛乳と名古屋コーチンの卵を用いて，"旨味とコク"を
増幅させ，味覚 のシナジーを発揮するプリンを作ることができる。旨味とコ
クと食材による味の独創性・新規性のみならず，食材や流通ルートのブラック
ボックス化により模倣困難性を強めることができる。

③　卵黄・卵白と他食材の凝固剤による新商品開発
　　（味覚とテクスチャーのシナジー）

　ジャージー種の牛乳と名古屋コーチンの卵を，凝固剤を用いて"旨味とコ
ク"と"滑らかなテクスチャー（触感）"とのシナジーを発揮させることがで

きる。滑らかなテクスチャーには，ゼラチンがポピュラーに使われる。ゼラチンにより柔らかく滑らかなテクスチャーを出すことができるババロアは，ジャージー種の牛乳と名古屋コーチンの卵を用いて"味覚とテクスチャーのシナジー"を発揮することができる。このシステムデザイン図等は**図表3-16**である。

図表3-15　ババロア

図表3-16　ジャージー牛乳と名古屋コーチン卵のババロア

名古屋コーチンの生卵を，ゼラチンで凝固させる調理システム

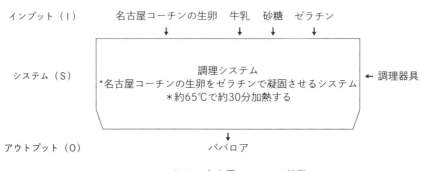

〈作り方〉

1. ボウルに卵黄とグラニュー糖を入れ，白っぽくなるまですり混ぜる。（アングレーズソース）
2. 鍋に牛乳とバニラビーンズを入れる。中火にかけ，沸騰する直前で火を止める。
3. 2の牛乳を1の卵に少しずつ加え混ぜる。
4. 3を鍋に戻し入れ，弱火で混ぜながらとろみがつくまで，鍋底が焦げ付かないようゆっくり火を入れる。
5. ふやかしたゼラチンの水気を切り，3に加えて混ぜ，別のボウルにこす。氷水にあてながら，とろみが出るまで混ぜる。
6. 生クリームをボウルに入れ，泡立て器で七分立てまで混ぜる。生クリームに泡立て器で混ぜた跡が残っている状態になればOK。
7. 5に少量の生クリームを加えしっかりと混ぜ合わせる。残りの生クリームも加え，ていねいに泡が潰れないように混ぜ合わせる。型に流し入れ，冷蔵庫で冷やし固める。

材料（プリンカップ5個分）262kcal／個

・卵黄……3個
・グラニュー糖……40g
・牛乳……140g
・バニラビーンズ……1/3本
・板ゼラチン……4g
・生クリーム……200g

出所）筆者作成

④ 他食材と糊化による新商品開発（味覚とテクスチャーとのシナジー）

　糊化食材の葛粉を用いて柔らかく凝固させることができる。葛粉は胡麻豆腐，くるみ豆腐，豆乳豆腐といった日本料理に多用される。上述のゼラチンとは異なり，いわゆるモチっとしたテクスチャーに仕上げることができる食材である。これにより味覚とテクスチャーのシナジーを発揮させると，上述の独創性・新規性・模倣困難性を高めることができると考えられる。

⑤ 味覚・視覚・テクスチャーとのシナジー「エディブルフラワー・ババロア」

　相性の良いヒントとの組み合わせによってシナジーを発揮する料理を探索する方法については，3.2②「可能展開法：特徴の利用」で既に述べた。ここでは，味覚・テクスチャーに加えて視覚とのシナジーを発揮する料理について述べる。

　エディブルフラワー・ババロアは，エディブル（食用）の花を食材とする色彩豊かな美しいババロアであり，上述の味覚・テクスチャーに加えて視覚での

シナジーを発揮することができる。エディブルフラワーには，バラやスミレがよく使われる（日本料理では他にもランを使う）。ただし，繊維が口に残るようなフラワーを使用するとテクスチャーを損ねることになるので注意が必要である。

4　鎌倉での魚介類を食材とした商品開発

　さて，鎌倉では様々な魚介類が採れることは既に述べた。

　アジ，ヒラメ，キス，イシダイ，メジナ，カサゴ，メバルなど，都心部の卸売市場で一般的に取り引きされる魚も採れる。一方，コショウダイ，ホウボウ，マトウダイなど，湘南の地方市場で限定的に取り引きされる珍しい魚も少量ながら採れる。新鮮な生のままでお造りやカルパッチョに調理できる。

　カサゴ，メバルなどは煮付けやブイヤベースに調理できる。煮付けにするときは，内臓やエラを取り除く下処理をして，霜降り（熱湯に潜らせる）し，真水で余分な部位を取り除く。そして醤油・日本酒・みりん・砂糖などを加えた煮汁で煮込む。このとき，煮汁に濃口・薄口・たまり・二段仕込み・ウニ醤油などの様々な醤油を選択し，ブレンドして用いることにより模倣困難性を出すことができる。

　また魚介類を繰り返し漬けた煮汁は，魚の旨味成分が流出し旨味が増した独特の煮汁となる。いわゆる秘伝の煮汁を作ることができれば，模倣困難性をさらに高めることができる。これは，鰻の本焼きに用いるタレと同様である。タレ瓶の中に白焼きした鰻を何度も入れて付け焼きすると，鰻の旨味成分がタレに染み込み旨味が増幅するのである。

　このシステムデザイン図は**図表 3-17**のとおりである。

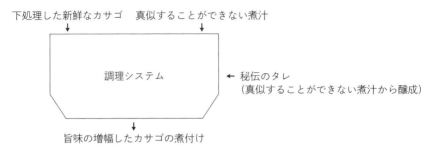

図表3-17　魚料理の模倣困難性

出所）筆者作成

5　商品開発における経済性

5.1　「範囲の経済性」

　新たにレストランやカフェを始めるにあたり，潤沢なヒト・モノ・カネ・情報が完備されることが多いとはいえないであろう。家族やパート・アルバイトをスタッフに加え，居抜き物件の内装をリフォームし，比較的程度の良い中古の調理器具を購入する。少ない資金を元手に借入の返済を怠らないように心掛けるといったケースは少なくないであろう。

　ここでは，いかにして効率よく経営するかが成功の一つのカギとなる。効率が悪いと経費が増えて赤字経営に陥り，返済に窮するリスクが増える。効率経営は大手レストランでも必須課題だが，大手と中小レストランでは経営コンセプトが異なるためにその程度や内容が異なるケースが多い。

　まず，中小レストランにとって必要なのは，以下の「範囲の経済性」である。

　　範囲の経済性
　　「単一の企業が複数の財・サービスを生産したほうが，複数の企業がそれぞれ
　　個別に生産する場合と比較して総費用が低くなり，効率性が高くなること。」[6]

「単一の企業」を「1つのレストラン」，「財」とはいわゆるモノなので「料理」を当てはめると分かりやすい。

「1つのレストランで様々な料理を作る方が，複数のレストランが各料理を個別に作る場合と比較して総費用がかからず，効率が良くなる」と読み替えることができる。

しかしながら，小さいレストランの厨房で1人きりで様々な料理を作るのは大変である。さらに，様々な食材を用意して様々な料理を作るとなると，効率は悪くなる可能性が高いであろう。ここで，「単一種の卵を温泉卵，プリン，ババロアなどの共通食材として多用し，様々な料理を1人で作るほうが，複数種の卵を用いて，それぞれ個別な料理を複数人で料理する場合と比較して，総費用がかからず，効率が良くなる。」と応用できる。

したがって，食材の種類をできる限り絞り込み，むやみに増やすことなくその食材の特徴を最大限に活かして，「それがあれば何ができるか？」と可能展開法による新商品開発をすれば，生産効率が向上するであろう。特に中小規模のレストランでは，大規模のレストランと比較して厨房設備が一般的に小さく，セントラル・キッチンの大量調理には生産効率でかなわない。よって，「範囲の経済性」を最大限に発揮し，生産効率を向上させることが必要である。

この生産効率の向上には，「①中小規模の厨房に設置可能②高品質の調理可能③高生産効率の調理可能」な調理器具を導入し，高品質の料理を低コストで作ることが必要となる。例えば，低温から高温まで正確な温度制御，正確な湿度制御によるスチーム加熱，プログラム自動運転，同温度帯の多品目調理が可能な「冷却機能付きスチーム加熱調理器」を導入することなどがこれにあてはまる。

5.2 「規模の経済性」

商品開発において「範囲の経済性」の対となるのが「規模の経済性」である。これは次のとおりである。

規模の経済性

「生産量の増大に伴い，原材料や労働力に必要なコストが減少する結果，収益率が向上すること。スケールメリットを活かした企業活動を指す。」[7]

　事業規模が大きくなればなるほど，単位当たりのコストが低くなり，競争優位になるので，コストでリーダーシップをとる戦略を立てやすくなる。主に大手レストランがこの戦略をとる。

① 食材を大量に購入し低価格に抑える

　大手レストランは食材を大量に買うことで，単価を低く抑え安く買うことができる。小規模レストランは比較的少量の買い付けとなるため，これが困難となる。

② 商品を大量に生産し低コストに抑える

　大手レストランは商品を一度に大量に生産することができる。特に，セントラル・キッチンで大量生産すると，単位当たりの生産コストが低くなる。小規模レストランは比較的生産量が少ないので，これが困難となる。したがって，大手企業とはできる限り「規模の経済性」で競争しないことが賢明である。そして，別の方策を考えるべきである。

6　小規模地方市場からの購入

　大手レストランが参入しない市場から食材を購入することは，差別化となる方策の一つである。例えば，地方の小規模市場に入荷される食材は，以下のような特性が少なくない。

① 同一産品の生産量や取扱量が少ない。

② 集荷・入荷・保管・出荷の時期が不定期である。

③ 大手卸売市場に出荷するには単位当たり輸送コストが過多となる。

　このような特性は計画的な大量生産には適さないので，大手レストランにとっては扱いづらい食材となる。しかし顧客にとって，産直・新鮮・限定・厳

選といった「この地域でしかなかなか採れないし食べられない。フレッシュで数に限りがある。選りすぐりで地元のお墨付き。」の食材は，フードツーリズムとともに人気がある。

　例えば，筆者の住む湘南には小さな漁港や小規模魚市場が多くある。驚くほど新鮮で珍しい魚が入荷されるが量が少ない。また，地元の養鶏場の卵がある生産直売所では，常時列をなすほどのブランド卵が少量ながら一般販売されている。このような食材については，生産農家や物流の上流での交渉によって，低価格で買える可能性も高い。

注 ....

［ 1 ］　久保哲朗「都道府県別統計とランキングで見る県民性」
［ 2 ］　蒜山酪農農業協同組合ホームページ
［ 3 ］　自然派ハム工房リーベフラウ「阿波美豚とは」
［ 4 ］　一般社団法人日本乳業協会「日本の酪農の現在」
［ 5 ］　一般社団法人 全国肉用牛振興基金協会「乳用牛の種類（ジャージー種）」
　　　　ひるぜんジャージーランド「ジャージー牛　育成牧場」
［ 6 ］　『ブリタニカ国際大百科事典小項目事典』
［ 7 ］　小学館「大辞泉」編集部『デジタル大辞泉』

第 **4** 章

フードサービスの
経営戦略

1 経営の基本設計図

　戦略（strategy）とは，もともとは軍事用語である。ギリシャ語で「軍隊（stratos）を導く（ago）」を語源としている（新宅，2016）。軍隊における戦略とは，戦争に勝利するという目的達成のための手順体系である。中国古代・春秋時代の武将であり軍事思想家である孫武[1]は，兵法書『孫子』にて「敵を知り己を知れば百戦殆うからず」としている。

　すなわち，戦争で最も大切なのは，優れた戦略を立てることであり，優れた戦略とは，まず敵と己を知ることであるとしている。これを現代経営に置き換えてみると，「敵」とは消費者・競争相手（消費者を取りまく）・業界・市場といった経営の外部環境であり，「己」とは企業のヒト・モノ・カネ・情報といった経営資源に関わる内部環境である。外部環境を読み，内部環境を量ることで，優れた経営戦略を組み立てることができると読み解くことができる。

　そして『孫子』には，「百戦百勝は善の善なる者に非ざるなり。戦わずして人の兵を屈するは善の善なる者なり」[1]とある。すなわち，百戦百勝は一見最善に見えるかもしれないが，勝った方にも被害が出るため，戦わずに勝つのが最善だとしている。競争する企業同士が全面的に直接対決すると，両方に経済的損失が大きくなる。競争しないで勝つ戦略が最も良い戦略であると読み解

くことができる。

戦略は勝つための手順体系である。経営戦略は経営目的を達成するための手順体系である。経営目的は下位の目的から上位の目的へと階層を形成している。そして，経営戦略は上位目的を達成するための手段として，下位目的が機能するように設計される。

経営戦略における最上位の目的は経営理念である。経営方針，経営ビジョン，経営ポリシーなどと称される場合があるが，要するに経営戦略における最上位の概念である。自社の経営はこうあるべきであり，こういう目的達成のために経営戦略を実行する，と組織の内外に明確に示す経営の核である。つまり経営戦略は，"経営理念という最上位の目的"（以下「経営理念」《目的》）を実現するための手段であり，基本設計図である。

経営戦略は，企業の外部環境と内部環境とが整合性をもったときに優位性を発揮する。そのためには，外部環境とうまく適合するように経営戦略を設計し，これに内部環境をうまく適合させるように経営システムを設計する。そして，外部環境と経営戦略との整合性，内部環境と経営システムとの整合性が論理的に一貫していることが大切である。

山根（2003）は，次のように述べている。「経営戦略を，事業戦略，競争戦略，機能別戦略の３つに分けると設計しやすい。事業戦略は，展開する事業領域（ドメイン）を明確化する基本設計図である。どこで戦うのかを具体的に示す。複数の事業からなる規模の企業では，全社の事業領域（ドメイン）をどの範囲にするかを全社戦略として定める。競争戦略は，競争相手を負かす手段を明確化する設計図である。ライバルを相手にいかに有利に競争を勝ち抜くかを示す。機能別戦略は，各事業に対応した研究開発・購買・生産・販売・マーケティング・財務・人事などの各機能別レベルでの戦略である。」

2　経営環境分析

経営環境は，次のように外部と内部に分けて分析する。

①　外部環境

　企業がコントロールしたくてもできないような企業組織外の状況である。次のようにマクロとミクロに分けることができる。

　（i）　マクロ的環境：政治・経済・自然および科学技術進歩・法規制などの状況。

　（ii）　ミクロ的環境：原材料・製品・人材・金融などの市場の状況および競合の状況。

②　内部環境

　外部環境との整合性が必要となる企業組織内の経営資源・経営システムの状況。ヒト・モノ・カネ・情報といった組織内の製品・情報・技術・人材・資金などの経営資源を組み合わせ，商品力・生産力・販売力・技術力・資金力・組織力・意思決定力を発揮させる経営システムの状況である。これと経営戦略との整合性が論理的に一貫していることが大切である。

レストランの外部・内部環境

　フードサービスの流通ルートをレストランのミクロ的環境として俯瞰してみる。生鮮食料品は生産者，出荷者，卸・仲卸・小売業者といったルートを経て流通し，加工食品はこれに製造加工ルートを加えて内食・中食・外食へと流通する。最終的に消費者が，内食として食材を調理して食べるか，中食としてデパ地下やスーパー，コンビニなどの調理済み食品を食べるか，外食としてレストランで料理を食べるかといったルートとなる。

　流通ルートの生産者，出荷者，卸・仲卸・小売業者および中食は，外食のレストランに外部から影響を及ぼす外部環境である（**図表4-1**）。

図表4-1 レストランの外部・内部環境

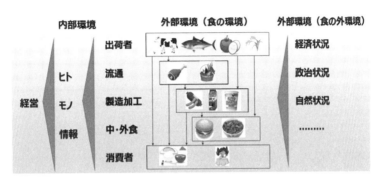

出所）筆者作成

3 SWOTによる外部・内部環境分析

　企業の内部環境における経営資源・経営システムが保有する「強み（Strength）」と「弱み（Weakness）」，企業の外部環境における「機会（Opportunity）」と「脅威（Threat）」を総合的に分析する手法がSWOT分析である（図表4-2）。

　外部環境における機会と脅威を分析し，内部環境における経営資源・経営システムの強みと弱みを分析することで，その強みを発揮して弱みを克服し，外部環境の脅威を避けて機会を味方にするような経営戦略の策定に用いられる。

図表4-2 SWOT分析図

外部環境	機会 (Opportunity)	脅威 (Threat)
内部環境	強み (Strength)	弱み (Weakness)

出所）筆者作成

SWOT分析ケース：鎌倉への新規出店

　例えば，「鎌倉への新規出店」（第1章1）では**図表4-3**のようにSWOT分析することができる。

図表4-3　ケース：鎌倉への新規出店のSWOT分析

```
①　機会（Opportunity）
●鎌倉固有の人気名物料理がない　●鎌倉野菜が人気　●鎌倉魚介は多品種で新鮮
●鎌倉観光は外国人に人気　●鎌倉観光スポットが隣接　●鎌倉の神社で祝行事が多数
開催　●鎌倉のローカル線の駅が近い

②　脅威（Threat）
●鎌倉生鮮食材の収穫は天候の影響大　●鎌倉魚介の水揚量は減少傾向　●鎌倉駅周辺
に潜在的な競合店あり　●流行性の疫病による外国人客への影響大　●外食から中食へ
と需要が移動傾向　●津波の影響を受ける可能性あり

③　強み（Strength）
●鎌倉生鮮食材を使用可　●日本料理・イタリアン・スパニッシュ系の創作料理で新規
性・独創性あり　●鎌倉の海が見える丘の上に絶景の客席あり　●顧客へのダントツの
ホスピタリティ提供　●英語・スペイン語・中国語でもオペレーション可　●スタッフ
が若くてバイタリティあり

④弱み（Weakness）
●新規開店で知名度なし　●鎌倉駅から徒歩25分　●アップダウンの地形で足に負荷
●客席数33で多人数パーティは無理　●夜の客足は減少傾向　●駐車場が3台分のみ
```

出所）筆者作成

　さて，経営戦略の策定段階では外部・内部環境のどちらを重視するのだろうか。

①　外部環境を重視するパターン

　まず外部環境を分析し機会を見出す。このチャンスを活用し脅威を回避できるかと考える。次に内部環境を分析し，外部環境に対して強みを発揮し弱みを克服できる方法を考える。そして経営理念を策定する。この経営理念を達成するための経営戦略を策定し，経営システムを設計する。そこから人・モノ・カネ・情報といった経営資源を確保するといったプロセスを踏むパターンである。

② 内部環境を重視するパターン

まず内部環境を分析する。経営資源・経営システムが，どのような強みと弱みを持っているかと考える。次に外部環境を分析する。そこから，この強みを発揮し弱みを克服することにより，外部環境の機会を活用し脅威を回避することができるかと考える。このパターンは，あらかじめ確保された経営資源をいかに有効かつ効率的に活用するかという，経営資源ありきのプロセスを踏む。

4　外部・内部環境との整合性：経営戦略策定のプロセス

外部・内部環境との整合性はいかにしてコントロールすべきだろうか。これまで述べてきたことをまとめると，実践的かつ合理的な戦略策定のプロセスは図表4-4のようになろう。

図表4-4　戦略策定のプロセス

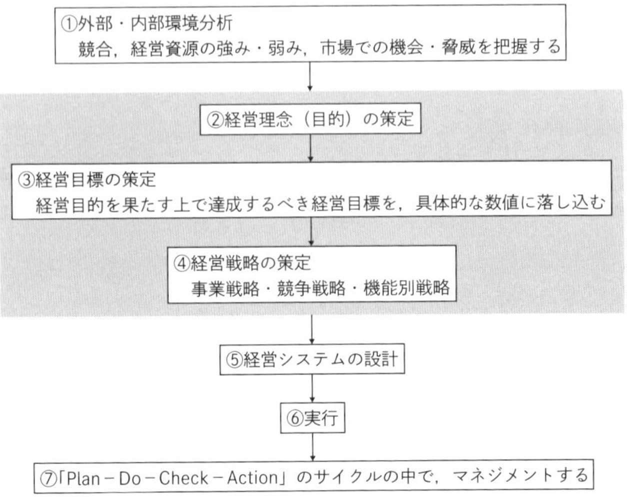

出所）筆者作成

注　・・・

[１]　山田英夫（2015/ 4 /28）

第 5 章

フードサービスの
経営理念

1 経営理念の策定

　最上位の経営目的である経営理念をいかにして策定するか。それにはまず，これから始めようとする事業を何のために行うのか，すなわち当該事業の目的はいったい何なのかを示す必要がある。ここには，企業トップの思いや，企業として将来こう有りたいという未来像が描かれていることが大切である。この思いを社員と共有し組織文化を育むことが，企業にとっての持続的かつ強力なパワーとなる。

　ここでは経営理念を次のように定義する。

　　　「経営理念とは，組織の目的を示し，理想，信念，価値観，行動規範を含む組
　　　織の中核となる思想である。」

　外部環境に内部環境を整合させコントロールする経営理念を策定することが必要となる。また，後述（第6章1）する経営戦略における事業領域（ドメイン）の再設定にも大いに関連する。

　では，経営理念はどのように策定されるべきだろうか。ここで，経営理念を策定するのに役立つ方法を紹介する。目的を上位概念に求めるシステム創造思

考法[1] の目的展開である。最初は小さな目的から出発する。次に，その目的は何か？とできるだけ少しずつ細かく上位の目的を考える。これを繰り返して，上位概念となる目的を探索する。

　例えば，料理を作る目的は何か？ホスピタリティを提供する目的は何か？と考える。次にその上位の目的は何か？と少しずつ階段を登るように探索する。これを繰り返すことにより，事業を遂行する本来の目的は何かという事業目的を上位概念へと未来思考で展開する。これによって経営理念を探索する。

　例えば，レストランを開業しようと思い立ち，ではその目的は何か？と経営目的を上位概念に求めたケースを考えてみよう。ここでは，料理を作る目的からその上位の目的へと考えていくと分かりやすい。「Ｐ」は，目的（Purpose）を表す。

図表5-1　経営目的の上位概念への展開例

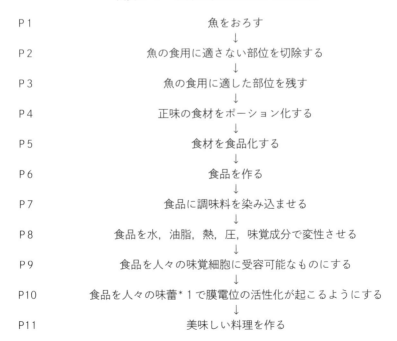

P 1	魚をおろす
	↓
P 2	魚の食用に適さない部位を切除する
	↓
P 3	魚の食用に適した部位を残す
	↓
P 4	正味の食材をポーション化する
	↓
P 5	食材を食品化する
	↓
P 6	食品を作る
	↓
P 7	食品に調味料を染み込ませる
	↓
P 8	食品を水，油脂，熱，圧，味覚成分で変性させる
	↓
P 9	食品を人々の味覚細胞に受容可能なものにする
	↓
P10	食品を人々の味蕾*1で膜電位の活性化が起こるようにする
	↓
P11	美味しい料理を作る

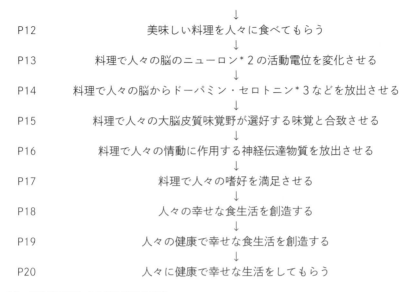

	↓
P12	美味しい料理を人々に食べてもらう
	↓
P13	料理で人々の脳のニューロン＊2の活動電位を変化させる
	↓
P14	料理で人々の脳からドーパミン・セロトニン＊3などを放出させる
	↓
P15	料理で人々の大脳皮質味覚野が選好する味覚と合致させる
	↓
P16	料理で人々の情動に作用する神経伝達物質を放出させる
	↓
P17	料理で人々の嗜好を満足させる
	↓
P18	人々の幸せな食生活を創造する
	↓
P19	人々の健康で幸せな食生活を創造する
	↓
P20	人々に健康で幸せな生活をしてもらう

＊1：舌や軟口蓋にある味を感じる器官
＊2：情報処理・伝達に特化した神経系を構成する動物に特有の物質
＊3：ドーパミン・セロトニン＝ニューロン間の伝達物質

出所）筆者作成

　このレストランが「P19：人々の健康で幸せな食生活を創造する」を上位の事業目的として選択すると，「当レストランは，人々の健康で幸せな食生活を創造します。」と組織の内外に経営理念として掲げ発信することができる。

経営理念と事業戦略との関係

　「P19：人々の健康で幸せな食生活を創造する」という経営理念を選択したレストランがあるとしよう。この事業目的の展開は「P1：魚をおろす」から出発している。さて，その上位目的であるP19から下位目的を見下ろすと，これらの目的を達成するためには必ずしも魚をおろす必要がないことに気付くであろう。

　「人々の健康で幸せな食生活を創造する」ためには，下位目的である「P6：

食品を作る」事業でも，「P12：美味しい料理を人々に食べてもらう」事業でもP19を達成することができる。このように上位目的から下位目的を眺めると，下位は上位を達成するための手段としての展開になっていることが分かる。経営戦略の策定にあたっては，この視点から俯瞰することが大切である。上位目的である経営理念を達成するためには，その手段としての経営戦略の候補を，下位目的の中から選択することができる。P6の「食品の製造」，P12の「料理の提供・販売・サービス」などの事業でもP19の目的を達成することができる。

　「食品の製造」ならば食品製造業になり，「料理の提供・販売・サービス」ならばフードサービス業になるであろう。つまり，「P19：人々の健康で幸せな食生活を創造する」ための具体的な手段を，次のように見出すこともできる。

　　① 　魚をおろす
　　② 　食品の製造
　　③ 　料理の提供・販売・サービス

　さて，「③料理の提供・販売・サービス」をするとしても，誰のために，どのようにするのかを決める必要がある。例えば，一般顧客が簡単に利用できるFFやFRで，お手頃価格の料理を，日本のいたるところで提供・販売・サービスするならば，外食市場で激しい競争を勝ち抜く戦略が必要となる。他の追随を許さない調理技術，生産コスト，立地によって，いかにして持続的に優位性を発揮できるかが焦点となる。つまり，上述のSWOT分析における「強み」をより強化する必要がある。

　また，例えば地方観光地で観光客に，地場で採れた食材を人気名物料理として提供・販売・サービスするならば，上述のFFやFRの戦略とは全く異なる。

　図表5-1で挙げた「経営目的の上位概念への目的展開例」と，「鎌倉の新鮮な食材を調理したい」（第1章3）の目的展開例を，前者と後者で比較する。「P5：食材を食品化する」は，「P1：鎌倉の新鮮な食材を調理する」である。「P12：美味しい料理を人々に食べてもらう」は，「P2：外国人のお客様に鎌

倉の名物料理を食べていただく」である。「P17：料理で人々の嗜好を満足させる」は，「P3：外国人のお客様に鎌倉の名物料理を堪能していただく」である。「P20：人々に健康で幸せな生活をしてもらう」は，「P8：お客様に健康で幸せな生活をしていただく」である。

　後者の「鎌倉の新鮮な食材を調理したい」（第1章3）では，「どこで，誰に，何を」というマーケティング・コンセプトを，「どこで＝鎌倉，誰に＝鎌倉に来たお客様（外国人含む），何を＝鎌倉の名物料理」と明確化している。そして，経営戦略において大切な，セグメント，ターゲット，ポジションを，経営理念の策定において具体的に明確化していることが分かる。

　経営理念において，セグメント，ターゲット，ポジションを必ずしも明確化する必要はない。しかし，明確化することにより経営戦略を具体化できるので，経営理念と経営戦略との一体性を高めることができる。

　全国展開するFFやFRは，広域で幅広い客層をターゲットとするポジションを取り，明確化しないことが多い。このために，経営理念と経営戦略との一体性が薄れるリスクがあるといえよう。

　ここで「③料理の提供・販売・サービス」を，全国展開するFFやFRとは全く異なる戦略をとるレストランを紹介する。

2　ケース1：株式会社日影茶屋「レストラン ラ・マーレ」

　鎌倉市に隣接する葉山町の海に浮かぶように建てられた「レストラン ラ・マーレ」がある。日本料理店や和・洋菓子舗を展開する株式会社日影茶屋が経営している。このレストランの経営理念をケースとして見ていく。

2.1　経営理念

　「葉山が持つ豊かな自然と文化の中で育て上げた，『継承する味』と，新しい環境での，『創造する味』の調和を追求して，新しい食の文化を育成し，社会欲求である『おいしいもののある楽しい生活』を応援する会社です。」[2]（一

部抜粋）を経営理念とする。

2.2　事業内容

　このレストランのコンセプトは，「テーブルマナーより，海を眺めながら，美味しい料理を気軽に楽しんでもらいたい」「大切な方や親しい仲間で楽しめるアットホームなお店」である。１Ｆカフェ・ブラッセリーでは，アラカルトを中心にお酒と一緒に楽しめるカフェメニューを，２Ｆレストランフロアでは，新鮮な旬の食材を使用したコース料理，遊び心や驚きを取り入れた形にとらわれないワクワクするメニューの数々，そして，真心込めた心地よいサービスを楽しめる。カジュアルとフォーマルの両方の利用目的に対応している。

　そして，「当店こだわりのブイヤベースは，魚介の旨味を凝縮したスープにトマト・サフランのほどよい酸味を加え，地魚やオマール海老を煮込んでいます。また，お魚は一度焼くことでさらにコクを引き立てています。たっぷりブイヤベースをお楽しみいただいた後には，〆のリゾットも。最後の一滴までお召し上がりいただけます。」として，近くの海で採れた地魚をふんだんに使ったオリジナル料理を提供する繁盛店である。

　上述の「『おいしいもののある楽しい生活』を応援する会社」と，自社のミッションを明確化し，その手段として葉山の新鮮な食材を使った料理を提供する。経営理念と実際の経営とに一貫性がある。

　「どこで，誰に，何を」というマーケティング・コンセプトでは，「どこで＝葉山，誰に＝大切な方や親しい仲間，何を＝新鮮な旬の食材を使用したコース料理。遊び心や驚きを取り入れた形にとらわれないワクワクするメニューの数々。そして，真心込めた心地よいサービス」としている。経営戦略において大切なセグメント，ターゲット，ポジションを明確化しているといえよう。

図表5-2　株式会社日影茶屋の紹介

事業内容
日本料理店：葉山 日影茶屋
フランス料理：レストラン ラ・マーレ・ド・茶屋
洋菓子：パティスリー ラ・マーレ・ド・チャヤ
和菓子：菓子舗 日影茶屋
和・洋菓子：和・洋菓子舗 日影茶屋　他

本社所在地　〒240-0112　神奈川県三浦郡葉山町堀内16番地

ラ・マーレ・ド・茶屋の「こだわりのブイヤベース」

出所）株式会社日影茶屋およびレストラン ラ・マーレ　ホームページ

3　ケース2：株式会社ひらまつ

　葉山の海辺のレストラン ラ・マーレで独創的な料理・空間・サービスを提供する日影茶屋とは対照的に，全世界をターゲットに高級専門料理店を展開しようとする株式会社ひらまつの経営理念を紹介する。

3.1　事業内容

　1982年に「ひらまつ亭」を開店し，フレンチ，イタリアン，カフェ，ホテル
といった様々な事業を手がけている。「ひらまつ亭」を「レストランひらまつ」
に改名し，質の高い料理・サービス・空間を提供している。創業者の平松宏之
は，ミシュランで星を獲得した日本人初の料理人である。

　フランスのパリ・サンルイ島に「レストランひらまつ サンルイ アンリル」
（2001年開店），奈良・春日野に「リストランテ オルケストラータ」（2016年開
店）など多数の店舗を展開している（第10章２詳述）。

3.2　経営理念

　同社は次の経営理念を掲げている

　「食文化の普及に努め，心豊かな時を提供するとともに，日本の伝統的な
『もてなす心』を世界に発信する企業であり続ける。」[3]（一部抜粋）。

　マーケティング・コンセプトとしては，「何を＝心豊かな時」を据えるのみ
であり，「食文化の普及」「世界に発信」というキーワードを打ち出し，世界を
セグメントとして捉えていることが分かる。

4　ケース３：株式会社 ゼンショーホールディングス

　日本最大の外食企業であるゼンショーホールディングスの経営理念を紹介する。

4.1　経営理念

　「世界から飢餓と貧困を撲滅する。ゼンショーグループは，世界の食事情を
変えることのできるシステムと資本力を持った「フード業世界一」企業となり，
世界から飢餓と貧困を撲滅することを目指します。世界中の人々に安全でおい
しい食を手軽な価格で提供する。そのために，消費者の立場に立ち，安全性と
品質にすべての責任を負い，食に関わる全プロセスを自ら企画・設計し，全地

球規模の卓越したマス・マーチャンダイジング・システムをつくり運営する。」[4]を経営理念としている。

　国内の外食企業として売上高No.1の地位を確立するとともに，世界の外食企業のトップ10入りを果たすことができたが，ゴールはまだ先にあり，「フード業世界一」になり，この理念を本気になって実現しようとしている。世界には，すべての人が食べることができる十分な食料があるにもかかわらず，過剰な国と不足している国とのアンバランスが一部地域での飢餓を生んでいる。この「世界の食事情を変える」とトップメッセージで述べられている[4]。

　「どこで，誰に，何を」というマーケティング・コンセプトでは，「どこで＝全世界，誰に＝世界中の人々，何を＝手軽な価格の安全でおいしい食」と，広く大きく明確化しているといえよう。

4.2　事業内容

　牛丼チェーン「すき家」をはじめ，ハンバーグ，パスタ，和食，焼肉，回転寿司，うどん，ラーメン，コーヒーショップなどのファストフード店を展開する，売上高6,304億円（2020年3月期），店舗数9,870店（2020年9月末）の日本最大の外食チェーンである。

　原材料の調達から製造・加工，物流，店舗での販売までを，一貫して企画・設計，運営する"MMD"（マス・マーチャンダイジング・システム）を用いている。

注 ………………………………………………………………………………………

[1] 事業の目的を演繹的に上位概念に求め，そこから経営理念，経営戦略の策定，経営システムデザインへと進んでいく。目的を上位に展開して，上位のコンセプトを求めシステムをデザインする方法。
[2] 株式会社 日影茶屋ホームページ
[3] 株式会社ひらまつホームページ
[4] 株式会社 ゼンショーホールディングスホームページ

第 6 章

フードサービスの
事業戦略・競争戦略

1 事業戦略

　事業戦略は，経営戦略における事業領域（ドメイン）を明確化する基本設計
図である。どこで戦うのか，市場の構造や特性と整合しているかを具体的に示
す。

　簡単にいうと，"どこで""誰と""どのように"戦うのかである。"どこで"
が事業領域（ドメイン）であり事業戦略となる。"誰と"が競争相手であり，
"どのように"が競争戦略となる。

　また，単に戦うのが最善の策ではないことは既に述べた。いかにして競争せ
ず，すなわち"戦わずして勝つ"戦略を策定するかが，本書の真髄である。

　複数の事業からなる規模の企業では，全社の事業領域（ドメイン）をどの範
囲にするかを全社戦略として定める。そして，複数の事業間で効率的に経営資
源を配分し，相乗効果（シナジー）を高めるように最適化を図る。

　自分で始めた店を大きくして，複数の事業へと拡大した暁には，全社のドメ
インを明確化する事業戦略が必要となる。ここでは，レストランビジネスとい
うドメインに絞った経営戦略を述べる。

2　競争戦略

　競争戦略は，競争相手を負かす手段を明確化する設計図である。ライバルを相手にいかに有利に競争を勝ち抜くかを示す。

　Porter（1980）は，競争戦略を次３つのパターンに集約した（**図表６‐１**）。

①　コストリーダーシップ戦略

　業界でのシェアが最大のトップ企業は，規模の経済性を活かして低コストで競争相手と同等のものを提供できる。業界トップの企業が採るべき戦略である。

②　差別化戦略

　業界トップではない２・３番手の企業は，トップ企業が真似できない差別化したものを提供する。トップ企業と同様のことをしても競争では負ける。

③　集中戦略

　トップ企業が参入してこない分野で，差別化できるものに特化して経営資源を集中的に投入する。隙間（ニッチ）で突出した強みを発揮する戦略である。

図表６‐１　３つの基本戦略図

広いターゲット （業界全体）	コストリーダーシップ戦略	差別化戦略
狭いターゲット （特定分野）	集中戦略 （コスト集中戦略）	（差別化集中戦略）

出所）Porter（1980）「３つの基本戦略」をもとに筆者作成

3　ケース1：日本マクドナルド株式会社

ハンバーガーチェーンのトップ企業である日本マクドナルド株式会社をケースに競争戦略を見ていく[1]。

3.1　日本マクドナルドの概説

日本マクドナルドは，日本の外食チェーンのリーダー的企業である。1971年に輸入雑貨販商の藤田田氏が，米国マクドナルドと共同出資により日本マクドナルド（以下「マクドナルド」）を設立し，東京・銀座1号店を大ヒットさせ快進撃を始める。1982年には全店売上高で外食の首位に躍り出た。2000年に平日半額の65円ハンバーガーをヒットさせ，2001年には東証JASDAQに上場。

しかし，一時59円ハンバーガーを販売するものの経営が悪化した。デフレ経済で価格破壊が進む中で，客単価を下げて客数を上げる戦略が裏目に出る。

2002年に藤田氏は社長を退任し，本家の米国マクドナルドが日本マクドナルドホールディングスを起こし事業会社となった。不採算店の閉店を加速し業績を回復させたが，2014年に中国製の使用期限切れ食肉を混ぜた商品販売が発覚して赤字転落した。その後，品質管理を徹底する。また2017年から季節の朝食メニューに「月見マフィン」や「てりたまマフィン」などの新商品を加えるなどして業績を回復させた。

コロナ感染拡大に伴い2020年4月に緊急事態宣言が発令されて，外出自粛の動きが全国的に広がった。外食業界にも休業や営業時間短縮の要請があり，外食全体では売上高が大幅に落ち込んだ。

しかし，同社では持ち帰り（テイクアウト）や宅配（マックデリバリー）を強化し，奏功した。同社は，宅配にあたり希望者に商品を直接手渡ししない「置き配」を始めた。サイトやアプリからの注文時に「非接触デリバリー希望」と書き込めば，配達員は商品が入ったバッグを玄関先に置き，インターホンなどで配達に来たことを通知し，玄関から2メートル以上離れたところで待機し，

客が受け取ったことを確認した後，バッグを回収するしくみである。

　家族の分をまとめて購入する顧客が増え，2020年3月期には最高益を更新した。子供も大人も家族で楽しめるコンセプトとして，栄養バランスを選べる「ハッピーセット」などのファミリー向けメニューを揃える。

　また，来店前にアプリで商品を選択し発注できる「モバイルオーダー」と，乗車したまま商品を受け取ることができる「パーク＆ゴー」を組み合わせたサービスを開始した。

　車で店の駐車場に到着後，車室番号を入力してキャッシュレス決済を完了させる。スタッフはできたての商品を車まで届ける。ドライブスルーのレーンに並び，車から降りてカウンターへ行く必要もない。

　スタッフとの接触は，車の窓越しに商品を受け取る時のみである。非接触の「マックデリバリー」，接触最少化の「モバイルオーダー」＆「パーク＆ゴー」といった，コロナ禍での安心安全コンセプトに基づくいわゆる「安心安全の新サービス」は顧客の支持を得ている。

　食材にも安心安全コンセプトがある。ビーフパティでは，オーストラリアとニュージーランド産の無添加100％牛肉を使用する。

　フライオイルでは，持続可能なパーム油生産のRSPO認証を得たパーム油を使用するなどして持続可能な食材を調達する。環境負荷の低い素材を使用し，顧客にもリサイクルを促す。このような活動をCSRのもとに行っている企業である。

3.2　マクドナルドの外部環境

①　洋風ファストフード（FF）チェーン

　日本での洋風FFチェーンの始まりは，1970年の日本ケンタッキー・フライド・チキン（日本KFC，横浜市）による名古屋市での開店とされる。翌1971年にマクドナルド，1972年にはモスバーガー（現・モスフードサービス）が運営を開始した。

　現在は，マクドナルドが洋風FFチェーンのシェア50〜60％を持つガリバー

である。モスフードサービスや，「ミスタードーナツ」を運営するダスキン，日本ケンタッキー・フライド・チキン（日本KFC，横浜市）がこれを追い競い合う。

②　洋風ファストフード（FF）チェーンのバリューチェーン

　洋風FFチェーンの各社は，伊藤忠商事，スターゼンなどの商社や，山崎製パン，日本ハムなどの食品メーカー，コカ・コーラボトラーズジャパン，宝醤油などの飲料・調味料メーカーなどから食材を仕入れる。本社でメニュー開発・製造・加工を行い，各店舗に配送し，各店舗にて最終調理して販売・提供する。

図表6-2　洋風FFチェーンのバリューチェーン

出所）日経バリューサーチ（2021年1月13日）

③　FFハンバーガーチェーン

　洋風FFチェーンには，ハンバーガーを主力商品とするFFハンバーガーチェーンがある。売上では，1位マクドナルド，2位モスフードサービス，3位ロッテリア，4位ファーストキッチン，5位フレッシュネスと続く（**図表6-3**）。

図表6-3　主要洋風FFチェーンの売上高・店舗数

順位	企業名	本社	主要店名	店舗売上高（百万円）	店舗数 直営	店舗数 FC
1	日本マクドナルドホールディングス	東京	マクドナルド	549,059	886	2,024
2	日本KFCホールディングス	神奈川	ケンタッキーフライドチキン	128,755	306	827
3	モスフードサービス	東京	モスバーガー	100,358	65	1,249
4	ダスキン	大阪	ミスタードーナツ	76,275	10	952
5	ロッテリア ※	東京	ロッテリア	24,269	284	125
6	イタリアントマト ※	東京	イタリアントマト・カフェジュニア	13,600	74	133
7	ファーストキッチン	東京	ファーストキッチン	9,839	86	37
8	フレッシュネス	神奈川	フレッシュネスバーガーほか	9,701	66	119
9	さわやか	東京	ケンタッキーフライドチキンほか	8,111	81	0
10	チタカ・インターナショナル・フーズ	愛知	とんかつ知多家	5,906	45	0
11	シャポンドウ	福島	ケンタッキーフライドチキンほか	5,638	74	0
12	ケー・アンド・アイ	千葉	ケンタッキーフライドチキンほか	5,500	58	0
13	ユーアールエイ	兵庫	ミスタードーナツ	4,710	―	―
14	ポールスター	福岡	ケンタッキーフライドチキン	4,252	41	0
15	フジタコーポレーション	北海道	ミスタードーナツ，モスバーガーほか	3,964	71	0
16	ゴーゴーカレーグループ	東京	ゴーゴーカレーなど	3,524	33	38

注）業態を洋風FFと回答した企業の2019年4月～20年3月に迎えた決算期を集計。店舗売上高は直営とFC店の合計。※は18年4月～19年3月期の数字
出典）第45回，第46回日本の飲食業調査

出所）日経バリューサーチ（2021年1月13日）

3.3　マクドナルドのビンシステム

　マクドナルドは，客席へ配膳し接客するといったサービス提供を原則としてしない。カウンターテーブルで販売された商品は，顧客のセルフサービスにより店内で飲食されるかテイクアウトされるかである。テイクアウトはスーパーやコンビニと同じ販売形態なので小売業に近い。

　カウンターテーブルの裏にある厨房は，完成品に近い食材（半製品）を最終調理し料理（製品）として完成品（商品）にする「組み立て（アセンブル）工場」である。つまり，製造・販売・小売を1カ所で行う直売所でもある。

　FFの提供時間（リードタイム）はファストでスピード重視である。このリードタイムを最速化するために開発されたのがビンシステムである。これは，受注から1分以内に提供するための高度なシステムである。受注を予測し商品を見込生産することで，あらかじめ完成品を作り置き，温蔵庫などのスペース（ビン）にホールドしておく。ホールド時間（ホールディングタイム）は1〜7分程度と短く，これを過ぎた完成品は廃棄する。

　したがって，正確な受注予測ができる情報処理システムと，常に来店客のあることが予測される立地を必要とする。そして通行客が多い，あるいは車の交通量が多く入りやすい一等立地に出店し，ビンシステムを最大限に活用して廃棄ロスを減らし，生産効率を最大化する。

　ビンシステムは，断続的な受注しか予測できない二等立地には適さない。廃棄ロスが増えるためである。二等立地では注文を受けてから調理する受注生産式のクック・ツー・オーダー，あるいはビンシステムとクック・ツー・オーダーの中間的なシステムであるアセンブル・ツー・オーダーが適している。ホールディングタイムを長くできるアセンブル・ツー・オーダーは，半製品として加熱調理したパティと，パン（バンズ）を別々に分けてホールドする。

　クック・ツー・オーダーやアセンブル・ツー・オーダーは，リードタイムがファストというFFのコンセプトから離れる可能性がある。

　マクドナルドは，最短なリードタイムを一等立地で活用する。現在はシステ

図表6-4　ハンバーガーの調理システム

	しくみ	オーダーが入った ときの状態	廃棄の有無
ビンシステム	完成品を作ってホールドしておく。ホールディング許容時間を過ぎた製品は廃棄する。	製品	ある
アセンブル・ツー・オーダー	焼き上げたパティを温蔵庫でホールドしておき，オーダーを受けて組み立てる。	半製品	少ない
クック・ツー・オーダー	オーダーを受けてからパティを焼き，バンズをトーストして組み立てる	材料	原則としてない

出所）齋藤（2009）P.47

ムをさらに進化させ，いつも出来立てのハンバーガーを提供することにより強みを発揮している。

3.4　マクドナルドの経営理念

マクドナルドの経営理念は次のとおりである。

「当社は今後も持株会社としてハンバーガービジネスで培った資産を有効活用し，経営の効率化と機動性の強化を通して企業価値の向上を図ることにより，長期的かつ安定的なグループ企業の成長を図りたいと考えております。」[2]

この経営理念により同社は，「グループ企業の成長」を目的とし，「企業価値の向上を図ること」をその手段に位置づけていることが分かる。ここには顧客や地域，そして環境といった言葉が無いのが特徴である。

「企業価値」については後述する（第10章3）。

3.5　マクドナルドの経営戦略

経営戦略において「どこで，誰に，何を，どのように」売るのかは，最も基本的な命題である。「どこで＝市場，何を＝製品」について，Ansoff（1965）は，製品と市場の軸を用いて図表6-5のようなの「成長マトリクス」を示し

図表6-5　アンゾフの成長マトリクス

	新	②市場開拓	④多角化
市場	既存	①市場浸透	③新製品開発
		既存	新

製品

① 既存市場に既存製品をさらに販売して事業を成長させる「市場浸透」。
② 新市場に既存製品を販売して事業を成長させる「市場開拓」。
③ 既存市場に新製品を販売して事業を成長させる「新製品開発」。
④ 新市場に新製品を販売して事業を成長させる「多角化」。

出所）Ansoff（1965）をもとに筆者作成

た。

　アンゾフの成長マトリクスは，主に製造業に当てはめて用いられてきたといえよう。これを応用して，フードサービス産業において内部環境の経営資源・経営システムがどのような商品・サービスを提供できるかに注目し，市場と商品・サービスの視点から事業の成長を捉えてみる。

　まず，市場と商品・サービスを"既存"と"新"に分けて，**図表6-6**のようなマトリクスを作成する。

図表6-6　市場と商品・サービスの成長マトリクス

	商品・サービス	
	既存	新
市場 新	②市場開拓	④多角化
既存	①市場浸透	③新商品・サービス開発

①　既存市場に「既存商品・サービス」を提供して事業を成長させる「市場浸透」。
②　新市場に「既存商品・サービス」を提供して事業を成長させる「市場開拓」。
③　既存市場に「新商品・サービス」を提供して事業を成長させる「新商品・サービス開発」。
④　新市場に「新商品・サービス」を提供して事業を成長させる「多角化」。

出所）筆者作成

図表6-7　マクドナルドの成長マトリクス

	商品・サービス	
	既存	新
市場 新	②市場開拓	④多角化 「安心安全の新サービス」
既存	①市場浸透	③新商品・サービス開発

出所）筆者作成

　マクドナルドのケースをこの成長マトリクスに当てはめ，経営戦略を見ていく。上述の「マックデリバリー」「モバイルオーダー」と「パーク&ゴー」などの「安心安全の新サービス」は，**図表6-7**のマトリクスの③④に当てはまる。
　「安心安全の新サービス」の優位性が新市場にもあるならば，多角化すべきである。この新市場とは，外食の衰退をよそに成長を続ける中食市場である。
　マクドナルドは，いわゆるコロナ禍の巣ごもり消費と，「安心安全の新サービス」をマッチングさせ成功に結び付けた。単に商品・サービスを販売・提供するのみではなく，バリューチェーンの下流に位置する顧客に最も近いところ

で，顧客ニーズを満たす。商品のみならず新サービスによっても，高い付加価値を生み出している（第3章1.4）。

ただし，「マックデリバリー」に一等立地は必要なく，モスバーガーの二等立地でも可能である（本章4.6）。この真似されやすい低い模倣困難性は，今後の課題となるであろう。

3.6　マクドナルドのコストリーダーシップ戦略

コストリーダーシップ戦略をとるマクドナルドは，FFハンバーガーの最大チェーンとして規模の経済性と，ビンシステムなどの高効率オペレーションを活かして，市場の広いターゲットに商品・サービスを提供している。

非接触の「マックデリバリー」，接触最小化の「モバイルオーダー」＆「パーク＆ゴー」といった，コロナ禍での安心安全コンセプトに基づく「安心安全の新サービス」のケースでは，商品のみならず情報サービスを提供することで成功している。

IOT技術によってクラウドに接続させた店舗の端末で，顧客からの受注情報を取得する。ビンシステムによるオペレーションの最適化を図り，ビッグデータを収集・分析してマーケティングに活用するといった戦略は，リーダー企業の優位性をさらに強化する。このようにして外食産業全体においても，独自のポジションを確立している。

このマクドナルドに対して差別化戦略をとるのが，2番手のモスフードサービスである（本章4）。そして，差別化集中戦略をとるのが，高価格帯のポジションで高級食材を用いた高級ハンバーガーの販売・提供に特化しているシェイクシャックである（本章5）。

3.7　マクドナルドのブランドポジション

ブランド構築には，顧客心理のコントロールが欠かせない。ここで，縦軸にラグジュアリー・エコノミー，横軸にフォーマル・カジュアルをとったポジショニングマップで，マクドナルドのブランドポジションを見てみる。マクド

図表6-8　マクドナルドのブランドポジション

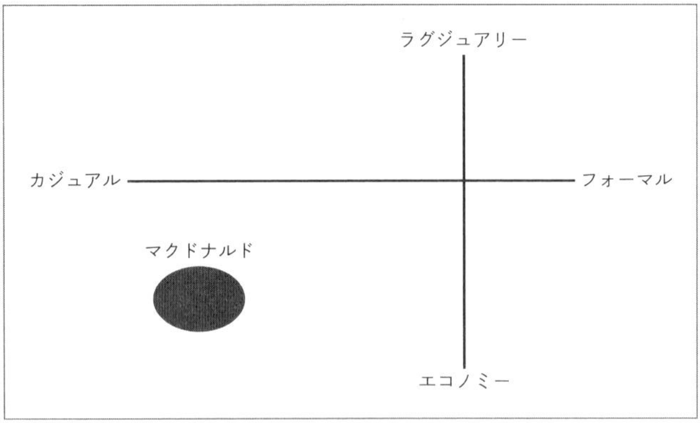

出所）筆者作成

ナルドはコストリーダーシップ戦略をとり，エコノミーでカジュアルな広い
ターゲットゾーンで，ブランドポジションを構築したといえよう。

4　ケース2：株式会社モスフードサービス

　ハンバーガーチェーンで日本の2番手企業である株式会社モスフードサービ
ス（以下「モスフードサービス」）をケースに競争戦略を見ていく[3]。

4.1　モスフードサービスの概説

　創業は1972年3月。東京・成増に「モスバーガー」1号店を開設し，同年7
月にモスフードサービスを設立。1973年，名古屋市にフランチャイズチェーン
（FC）1号店となる「モスバーガー新瑞店」をオープン。FCを中心に店舗展
開を進め，1986年に外食企業で初めて全都道府県に出店した。現在，国内店舗
数はFFハンバーガーチェーンでマクドナルドに次ぐ2位である。1991年に台
湾に出店したのをはじめ，シンガポールや香港，タイ，インドネシアなどアジ
アやオーストラリアでも店舗展開する。海外では，地場チェーンより価格を高

めに設定し，所得水準が比較的高い層を主な顧客に想定する。2008年に「ミスタードーナツ」を運営するダスキンと資本・業務提携した。

4.2　モスフードサービスのクック・ツー・オーダーシステム

同社は創業当時より，「アフターオーダー方式」とするクック・ツー・オーダー・システムを続ける[4]。

注文を受けてから調理するので，マクドナルドのビンシステムよりリードタイムが長くなる欠点があるものの，手作りで出来たてのハンバーガーを提供できる長所がある。

簡単にスマホやパソコンから近くの店舗へ注文できるテイクアウト・デリバリーサービス「モスのネット注文」がある。またUber Eats（ウーバーイーツ）などを利用してデリバリーすることもできる[5]。

4.3　モスフードサービスの経営理念

同社は「食を通じて人を幸せにすること」を経営ビジョンとし，経営の目的とする。その手段として「おいしさ，安全，健康」にこだわった商品を，「真心と笑顔」のサービスとともに顧客へ提供するとし，特に商品・サービスにコミットしている[6]。

4.4　モスフードサービスの経営戦略（差別化戦略）

モスフードサービスは経営戦略として，「差別化」「地域密着」を基本戦略とし，その上に「おいしさ」「安全・安心」「多様化」「利便性」「店舗体験価値」「輝く人」という6つの柱を据えている。この中で最も大切にしているのが「おいしさ」であり，モスグループが絶対に譲れない価値である。創業以来，マクドナルドとの差別化を図るために価格帯を上げてまで，バーガーの「おいしさ」を追求してきたモスバーガーにとって，いかにおいしいハンバーガーをつくるかという命題は今でも同じである。事実，価格が高くても「おいしさ」をモスバーガーの魅力として認識しているファンを多く獲得している[6]。

図表6-9　3つの基本戦略図

	コストリーダーシップ戦略	差別化戦略
広いターゲット （業界全体）	マクドナルド	モスバーガー
狭いターゲット （特定分野）	集中戦略	
	（コスト集中戦略）	（差別化集中戦略）

出所）Porter（1980）をもとに筆者作成

　同社は，マクドナルドとの差別化戦略の成功により，FFハンバーガーチェーンの業界2位に君臨している。価格で競争することなく独創性のある高品質の商品・サービスで勝負し，独自のポジションを確保している。この成功を促進しているのが，国産食材によるメニュー開発，二等立地での省投資策，フランチャイズオーナーとの強固な連携であろう。

　差別化戦略により独自のポジションを得ることは孫子の"競争しないで勝つ"戦略の基本である。

　Porter（1980）の「3つの基本戦略」に，マクドナルド，モスバーガーを当てはめると図表6-9になる。

4.5　モスフードサービスの差別化商品

①　国産食材で和風テイストのモスバーガー

　日本生まれのハンバーガーチェーンとして，醤油や味噌を使用する「テリヤキバーガー」や，国産米を使用する「モスライスバーガー」などを売りとする。国産肉（豚・牛合挽き肉）100％のハンバーグを使用した「とびきりハンバーグサンド」シリーズも人気メニューとなっている。2016年には焼き上げた焼肉の香りを特徴とする「モスライスバーガー焼肉」を復活させた。

②　「植物肉」のモスバーガー

　同社が2020年3月に発売した「グリーンバーガー」は，原材料に動物性食材を使わず野菜と穀物を主原料にした植物性100％のハンバーガーである。植物

由来の材料で作る「植物肉」は，食肉から作られるハンバーグとほとんど変わらない味や食感が特徴である。ベジタリアン（菜食主義者）や健康志向の人，環境への配慮を考える人などに普及している。

4.6　モスフードサービスの価格・立地戦略

モスフードサービスとマクドナルドとのメニュー価格比較は次のとおりである。主力メニューでは，マクドナルドが価格帯の広いフルラインである。モスフードサービスは，セット価格を高めに設定し中間価格帯を厚くしている。

図表6-10　モスフードサービスとマクドナルドとのメニュー価格比較

(円)

マクドナルド	単品	セット	モスバーガー	単品	セット
ハンバーガー	110	—	ハンバーガー	220	630
チーズバーガー	140	—	チーズバーガー	250	660
フィレオフィッシュ	340	640	フィッシュバーガー	360	750
てりやきマックバーガー	370	640	テリヤキバーガー	380	770
ダブルチーズバーガー	340	640	モスバーガー	390	780
チキンフィレオ	360	660	ロースカツバーガー	400	810
ビッグマック	390	690	モスチーズバーガー	420	830
炙り醤油風 ダブル肉厚ビーフ	490	790	とびきりチーズ	470	880

注）2021年6月時点。すべて税込価格。

出所）各社ホームページをもとに筆者作成

モスフードサービスとマクドナルドとの立地戦略の違いは既に述べた。モスフードサービスは二等立地で地代や家賃を低く抑え，マクドナルドは商業集積地や幹線道路沿いの一等立地で高客回転を狙う，といった異なった戦略をとる。

図表6-11　モスフードサービスとマクドナルドとの価格・立地戦略

	マクドナルド	モスフードサービス
Price	・低～高価格まで幅広い価格帯 ・地域別価格の導入 ・お得感のあるセット価格	・中価格以上の価格帯を充実 ・価格は国内共通
Place	・駅前，交差点角地などの集客力のある一等立地を重視 ・既存店をリモデル（店舗改装）し，モダンな雰囲気に	・「二等地戦略」（路地裏などの少し目立たない立地に出店）

出所）Hiroaki Kaneko（2019）

　モスフードサービスとマクドナルドとの価格・立地戦略の違いは**図表6-11**のとおりである。

4.7　モスフードサービスのブランドポジション

　モスフードサービスはマクドナルドとの競争から，差別化戦略をとれる次のブランドポジションを構築したといえよう（**図表6-12**）。

図表6-12　モスフードサービスのブランドポジション

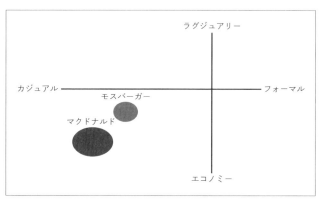

出所）筆者作成

5 ケース3：株式会社サザビーリーグ「シェイクシャック」

　ハンバーガーチェーンで特異なポジションの，株式会社サザビーリーグの
シェイクシャックをケースに競争戦略を見ていく。

5.1 シェイクシャックの概説

　シェイクシャックはホットドッグカートを発祥とする米国のハンバーガー
チェーンである。2001年にニューヨークのマディソンスクエアパーク再生を目
的としたアートイベントに，1台のホットドッグカートを出店。3年間の夏季
限定出店で話題を呼び，人々が行列を作った。2004年，ニューヨーク市より功
績が認められ，同パーク内の常設店となり，シェイクシャックが誕生した。高
品質のバーガー，フローズンカスタード，シェイク，ビール，ワインを楽しめ
る「モダンなバーガースタンド」である[7]。

　2010年時点では7店舗にすぎなかったが，現在は海外を含めて63店舗に急成
長している。ニューヨークでは若者を中心にファンを獲得し，「行列のできる
バーガー店」として定着している。日本では，外苑いちょう並木，六本木，東
京ドーム，みなとみらい，京都四条烏丸，梅田阪神，大丸心斎橋など主に中心
市街地や繁華街に12店舗（2021年現在）を展開する[7]。

　ハンバーガーは，2002年に1個59円でマクドナルドにより提供され，デフレ
経済の象徴だった。ところが2015年にシェイクシャックが日本市場に参入した
のを機に高単価のハンバーガーが広がった[8]。

　客単価約1,500円と高価格ながら，「肉の味が濃いハンバーガーが食べられる」
と評判である。「私たちの業態は"ハンバーガーレストラン"。ファストフード
ではない」と，同チェーンの広報担当者は，FFハンバーガーチェーンとの違
いを強調する[9]。

5.2　シェイクシャックの差別化商品

　高品質で安心・安全な食材を調達し，商品に多くのこだわりをもつ。バーガーのパティには，ホルモン剤を使用せず，品質保証付きのアンガスビーフ100％を，独自の配合で挽きフレッシュな状態で使用する。

　カスタードは，純粋な砂糖のみを使用して毎日店舗で手作りする。スモークベーコンにはホルモン剤，フライドポテトにはトランス脂肪酸が無使用である。

　マクドナルドのメニューにはないアルコール飲料にも，シェイクシャックのこだわりがある。バーガーにぴったり合う，シトラスのようなアロマやキリッとした飲み心地の独自に開発したビールを提供する。

　主力商品は「シャックバーガー」（シングル）710円である。高めの価格設定だが，若者に人気がある[9]。

図表6-13　シェイクシャックのメニュー

SHAKE SHACK		
Burgers		
Shack Burger（シャックバーガー） ビーフパティ，レタス，トマト，シャックソース	Single Double	¥760 ¥1,060
SmokeShack（スモークシャック） ビーフパティ，チェリーペッパー，シャックソース アップルウッドでスモークしたベーコン	Single Double	¥910 ¥1,210
Shroom Burger（シュルームバーガー） レタス，トマト，シャックソース 3種類のチーズを包み込んで揚げたポートベローマッシュルーム		¥960
Shack Stack（シャックスタック） ビーフパティ，レタス，トマト，ジャックソース 3種類のチーズを包み込んで揚げたポートベローマッシュルーム		¥1,260
Ham Burger（ハムバーガー） ビーフパティのみのシンプルなハンバーガー トマト，レタス，オニオン，ピクルスなどのトッピングはお好みで	Single Double ベーコン＋	¥610 ¥910 ¥200

注）2021年7月時点。すべて税抜価格。
出所）シェイクシャックみなとみらい店　ホームページ

5.3　シェイクシャックのシステム

　最もこだわっているのは「店で一手間加えること」である。ミンチの塊の状態で店に届いたアンガスビーフを，鉄板で形成しながら焼く。旨味を閉じ込め逃さずに，肉汁たっぷりに仕上げられる。また契約農家から仕入れる生野菜を，新鮮さを保つために店でカットしてからバンズに挟み込む。手作り感の強いハンバーガーである[9]。

　注文を受けてから調理するクック・ツー・オーダー・システムを続けるので，マクドナルドのビンシステムよりリードタイムが長く遅くなる欠点があるものの，手作りで出来たての品質の良いハンバーガーを提供できる長所がある。

5.4　シェイクシャックの経営理念

　同社は経営理念を次のようなブランドミッションとして掲げている。

　「高品質で安心・安全な食材の調達，地球環境に優しいデザインの採用，そして店舗内はもちろん，店舗の壁を越えた周りのコミュニティまでホスピタリティを広げたいという思いから，地域コミュニティのサポートを行うなど，レストランの枠組みに捉われないさまざまな活動を行っています。」

5.5　シェイクシャックの経営戦略（差別化集中戦略）

　前述の差別化商品の提供に続き，CSR（企業の社会的責任）として掲げる「地球環境，地域コミュニティのサポート」を差別化戦略とする（**図表6-14**）。

　単なる差別化商品の提供にとどまることなく，地域の多くの人々を顧客からパートナーへと変える。「地球環境，地域コミュニティのサポート」により，上昇スパイラルを起こし，さらにパートナーを増やす。地域社会と共生する高度な社会的差別化戦略である。

　マズローの欲求階層（第9章2詳述）の最上位には自己実現欲求（Self-actualization）がある。「成りたい自分に成る」という欲求に，地球環境保護や地域ボランティアがマッチする。

図表6-14　シェイクシャックの掲げる地球環境，地域コミュニティのサポート

Fiji Water	Fiji Waterは，1％for the Planetのメンバーとして売り上げの1％の寄付をし，フィジーの美しい自然の保護や修復のサポートを行っています。
Good Bones	サステイナブルな店づくり。私たちの店舗は，それぞれの環境やコミュニティにうまくフィットするようデザインされています。壁板を再利用したり，生の植物を壁に植えたりととってもユニークです。
Good Neighbors	地域コミュニティのために。私たちは，店舗近隣を"ホーム"と呼び，そのコミュニティの中で最良の市民でいつづけるよう常に心がけています。
Shack Track & Field	Shack Track & Fieldは，地域の方々が気軽に集う，コミュニティーギャザリングプレイスである私たちの活動のひとつ。年齢や性別の垣根を越えてカジュアルに集まって体を動かし，皆でドリンク等を楽しむことのできるコミュニティーイベントです。
Jobs	Work it! 私たちはお店のオープンと共に地域の方々の雇用を積極的に行なっております

出所）シェイクシャック　ホームページ

　欲求階層の最下位には生理的欲求（Physiological needs）がある。この中の食欲を満たすには，低価格のハンバーガーで充分である。これを競合他社が格安で提供するのが，飽食の日本における競争環境であった。

　シェイクシャックは創業より付加価値の高い差別化商品を提供し，多くの支持を得た。同チェーンの広報担当者が「私たちの業態は"ハンバーガーレストラン"。ファストフードではない」と強調するように，FFハンバーガーチェーンとは違うポジションをとる見事な差別化戦略である。そして関東・関西の主に中心市街地や繁華街に出店する集中戦略を加えた差別化集中戦略を展開している。

　Porter（1980）の「3つの基本戦略」に，マクドナルド，モスバーガー，シェイクシャックを当てはめると**図表6-15**となる。

　さらに，シェイクシャックによる顧客の自己実現欲求を満たすための活動は，一種の宗教活動ともいえる。顧客と価値観を共有しパートナーとするのは，"信者"を増やす善意の布教活動のようなものでもある。"信者"を増やすことは，結果として字の如く"儲かる"に帰結する。"戦わずして勝つ"戦略の究

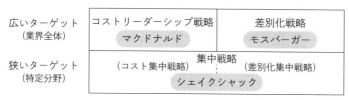

図表6-15　3つの基本戦略図

	コストリーダーシップ戦略	差別化戦略
広いターゲット （業界全体）	マクドナルド	モスバーガー
狭いターゲット （特定分野）	集中戦略 （コスト集中戦略）　　　（差別化集中戦略） シェイクシャック	

出所）Porter（1980）をもとに筆者作成

極であり，シェイクシャック・ブランドの柱となっているといえよう。

5.6　シェイクシャックのブランドポジション

　差別化集中戦略をとるシェイクシャックは，関東・関西の主要な中心市街地や繁華街に都会的なブランドイメージを構築した。フォーマルに近いカジュアルなゾーンに，ややラグジュアリーなブランドポジションを構築したといえよう。

　マクドナルド，モスフードサービス，シェイクシャックの各ブランドポジションを，店舗名でポジショニングしたのが**図表6-16**である。

図表6-16　ハンバーガーチェーンのブランドポジション

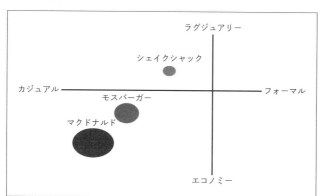

出所）筆者作成

注 ···

［1］ 日経バリューリサーチ（2021年 1 月13日）
［2］ 日本マクドナルドホールディングス株式会社「企業理念」
［3］ 日経バリューリサーチ（2021年 1 月13日）
［4］ 株式会社モスフードサービス「モスの約束　商品・サービス」
［5］ 株式会社モスフードサービス「モスのネット注文」
［6］ 株式会社モスフードサービス「経営方針」
［7］ シェイクシャックホームページ
［8］ 日経バリューリサーチ（2021年 1 月13日）
［9］ 神奈川新聞/経済「高級バーガーブーム　ニーズ多様化に呼応」（2019年 8 月 6 日）

第 **7** 章

フードサービスの
機能別戦略

1　フードサービスの機能別戦略

　機能別戦略は，企業の部門ごとの戦略である。大きな企業では，企業全体の事業戦略をベースにして，事業部門ごとの事業戦略を策定する。これを各部門に落とし込んだ戦略が，機能別戦略である。

　また，大きな企業は，主活動部門と支援活動部門などの各部門に分けて戦略を立てる。例えば，購買，物流，製造，マーケティングなどの主活動の部門や，総務，人事，経理，開発などの支援活動部門に分けてそれぞれの戦略を立てる。

　本章では，レストランを始めるにあたって，どのような機能別戦略を立てるのかという課題について，レストランの基本的な機能に焦点を当てて考察していく。

　レストランには，主に製造，小売，サービス，空間提供（以下「空間」）の4機能があり，相乗効果（以下「シナジー」）を発揮して付加価値を高める。この4機能とマネジメント機能（第8章5詳述）を通して，レストランの機能別戦略について述べる。

　一方，中食のショップには，主に製造，小売の2機能がある。この2機能でシナジーを発揮し，外食の市場を侵食している。また，外食のFFは，この2機能を発揮しテイクアウトやデリバリーで中食に攻勢をかけるといった，外食

97

と中食との競合がある。

2　中食と外食との関係

　一般的にフードサービス産業は，食事をする場所ごとに区分されている。食材を購入し，自宅や家庭などで調理して食事をする内食，テイクアウトのお惣菜やお弁当を購入し，レストラン以外で食事をする中食，レストランで食事をする外食との，3形態に分類されている。

　外食は中食に比較し割高であり，わざわざレストランまで足を運ばなくとも，いわゆるデパ地下で調理済み食品を購入して，自宅やオフィスで食べる方が得であるという考えが浸透してきていると考えられる。これにコロナ禍のいわゆる巣ごもり消費が拍車をかけた。

　現在，一般消費者は，いわゆるコンビニ弁当のみならず，デパ地下の高級な老舗料亭やフレンチレストランの高級惣菜といった中食を食べ慣れている。それと同レベルの料理を食べるために，わざわざレストランまで足を運ぶ必要があるかどうか，消費者である顧客が疑問視している傾向がある[1]。

　これは外食への根本的な問いかけでもある。デパ地下での高級惣菜の販売が活況を呈してきたのは，近年になってからである。それまで消費者は，レストランへ出向いて食事をしなければ，レストラン本来の味をなかなか知ることができなかった。しかし，現在では，それと同等の料理を，デパートなどの商業施設で簡単に購入できるようになった。

　その結果，「外食離れ」が浸透し，中食が外食市場を侵食しているといわれ問題視されている。外食市場が縮小傾向で，中食市場が増加傾向なので[1]，ニーズが外食から中食へと移行し，外食と中食のせめぎ合いが激しくなっている。

　例えば，ある高級レストランのカレーは，かつてその店に行かないと食べられなかった。しかし現在は，そのレストランが，デパ地下でそのカレーをより安く販売しているために，誰でもそのカレーをより安く購入し，自宅やオフィ

スで食べることができる。この低価格化は，デパ地下販売でのコストダウンに起因する。レストラン内での飲食と比べて，デパ地下では，客席のある空間と客席に配膳するサービスがない。この2機能がない分，中食はコストダウンが可能となり，比較的低価格で販売しやすくなる。

　ここで，相対的に割高と評価されるレストランに消費者の目を向けさせ，中食よりも高い評価を得るにためには，レストラン独自の付加価値を高める必要がある。そのためには，中食ではあまり発揮さていない，サービスと空間の機能を強化し，差別化を図る必要がある。

3　中食と外食との機能比較

　中食の製造と小売の2機能は，モノである料理を取り扱う機能なので，モノと共通する特性がある。したがって，中食は製造業や流通業で発達した生産・流通システムを取り入れることでコストダウンが可能であり，低価格化しやすい。

　一方，外食は，この中食の2機能に加えて空間とサービスの2機能がある。空間とサービスの2機能は，モノと共通しない特性であるため，生産・流通システムを直接取り入れることが困難であり非効率となる。外食が中食と比べて割高なのは，その非効率な作業コストが商品価格に上乗せされていることに一つの原因がある。

　したがって，空間とサービスの2機能がうまくシナジーを発揮しないと，その割高感を増幅させてしまう。これを克服すれば，高い付加価値を生むことができる。つまり，製造，小売，空間，サービスの4機能のシナジーを増幅させることが大切である。

　ここで，一般的なレストランの4機能を分析し，非効率をなくしてシナジーを増幅させる方法を探索する。

4　中食・外食の機能による分類

①　外食におけるレストランの機能

　「製造，小売，サービス，空間」の4機能を，発揮しているレストランは，「セントラル・キッチン型レストラン」と，「店内調理型レストラン」（以下「CK・店内調理型レストラン」）である。前者は自社のセントラル・キッチンで製造（調理）して店舗に配送し，店内で簡単な最終調理をする。後者は店内ですべて製造する。

　一方，製造を外部化しているレストランである「製造外部化型レストラン」には，本来の製造機能がない。店内で，加熱や簡単な盛付け等の調理をしているのみである。また，「キャフェテリア型」はサービスがほとんどない。客席に料理を運んで納品し，顧客にこれを提供し，空いた皿を引下るといった接客作業を顧客に代替させている。したがって，「キャフェテリア型」はいわゆるセルフサービスのレストランである。サービスがなく，製造，小売，空間の3機能があるのは，「セントラル・キッチン型キャフェテリア」と，「店内調理型キャフェテリア」（以下「CK・店内調理型キャフェテリア」）である。この3機能のうち製造を外部化し，小売，空間の2機能のみの「キャフェテリア型」がある。これを「外部化型キャフェテリア」とする。

　このように，発揮する機能によって，レストランを**図表7-1**のように分類

図表7-1　発揮する機能によるレストランの分類

①	「CK・店内調理型レストラン」	製造，小売，サービス，空間の4機能。
②	「製造外部化型レストラン」	製造を外部化。小売，サービス，空間の3機能。
③	「CK・店内調理型キャフェテリア」	サービスがほとんどない。製造，小売，空間の3機能。
④	「外部化型キャフェテリア」	サービスがほとんどない。製造を外部化。小売，空間の2機能。

出所）筆者作成

できる。これによると，キャフェテリアを除くレストランでは“小売とサービスと空間”が，共通する機能として発揮されていることが分かる。

②　中食におけるショップの機能

中食におけるショップには，サービスと空間がない。製造，小売がある。この2機能があるショップは，「CK型ショップ」と，「店内調理型ショップ」（以下「CK・店内調理型ショップ」）である。一方，製造を外部化する「外部化型ショップ」には，製造がない。小売のみがある。店内では，加熱や簡単な盛付けのみをして，小売りする。

また，レストランのケータリング・サービス（以下「ケータリング」）は，レストランの料理を顧客の空間へデリバリーし，サービスを提供する。つまり，空間を外部化し，製造，小売，サービスを提供する。

このように，発揮する機能によって，ショップやケータリングを**図表7-2**のように分類できる。

図表7-2　発揮する機能によるショップ・ケータリングの分類

①	「CK・店内調理型ショップ」	サービスと空間がほとんどない。製造，小売の2機能。
②	「外部化型ショップ」	サービスと空間がほとんどない。製造を外部化。小売の1機能。
③	「ケータリング」	空間を外部化。製造，小売，サービスの3機能。

出所）筆者作成

5　外食の比較優位となるサービスと空間

このように，外食と中食を比べると，外食にあるサービス，空間が中食にはないことが分かる。したがって，外食は中食との差別化に，この2機能を用いて優位に立つことができる。それには「レストランの4機能」でシナジーを発揮することが大切である。

これらをまとめると，図表7-3になる。

図表7-3　外食と中食の機能比較

外食店内飲食

CK型・店内調理型レストラン

製造外部化型レストラン

CK型・店内調理型キャフェテリア

外部化型キャフェテリア

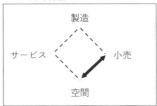

中食店外飲食

CK型・店内調理型ショップ

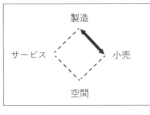

外部化型ショップ

ケータリング

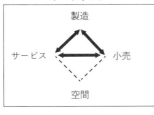

━━━は主たる機能発揮，及び相互の
シナジーを表す
- - - -
は副次的で，比較的弱い機能発揮を
表す

出所）筆者作成

6　外食離れの要因

6.1　レストランへのアクセス・コストと利便性

　レストランへのアクセス・コストは，外食離れの一因であろう。例えば，家族で会食するには家族全員で移動する。このコストの総和は，家族の１人が中食の食品を購入して家族に届けるまでのコストに比べれば高いだろう。したがって，レストランへのアクセス・コストは，コンビニやデパ地下と比較すると高くつくケースが多い。

　コンビニは，一定の地域において広範囲に散在している。そして，長時間営業している店舗がほとんどである。通勤・通学の途中や自宅近くにあれば，時間・空間の利便性が高い。コンビニは，顧客のあちこちからのアクセスに，時間・空間の利便性を提供するために散在する。

　デパ地下は，多数の顧客を集客しやすい大規模商業施設の内部にある。顧客は，他の買い物と一緒に，中食の食品を購入することができるので，時間・空間の利便性が高い。また，多品種の中食の食品から選択することができるので，一店舗の限られたレストランメニューと比べても選択の利便性が高いだろう。

6.2　レストランの空間コスト

　レストランは，店舗内にテーブルや椅子を配置し，飲食時の特定時間に特定された空間を提供し，この特定された時間・空間にサービスを提供する。レストランでは，空間とサービスのコストが販売価格に上乗せされる。したがって，中食と同じレベルの料理がレストランで提供されるならば，その料理の価格は中食の価格よりも高くならざるを得ない。これを，顧客は認識しているため，レストランに割高感があれば顧客が離れる結果となる。

7 内食の外部化

外食は，女性の家庭内サービスを代替し，女性の社会への進出と雇用の創造に貢献してきた。そして，家庭での無償労働を社会での有償労働と化し，所得水準を増加させてきたと考えられている。現在では，中食もこれと同様の役割を果たしている。したがって，中食と外食には，内食に対する代替効果があるといえよう。

日本では第1次石油危機後の1975年頃に，サービスの外部化（サービス業務や家事の外部委託）が進んだ。一般的にサービス業は，労働集約的なので雇用吸収が大きい。構造不況業種から労働人口がサービス業に流入して雇用が急速に伸びた。サービスの外部化は，ちょうどこの時期から始まった。

以前から，企業はコスト削減のために企業内のサービスを外部化していた。1975年の不況を境に，この傾向に拍車がかかる。警備，清掃，ビル管理，調査などのサービスの外部化が急伸した。同様に，外食も伸展した。企業向けサービス業の急増は，企業の人件費削減のためである。一方，外食の伸展には，所得水準が上昇した要因と，働く女性が増えた要因の双方がある。

サービスは，外部化されることで市場取引される。この市場化に伴う経済成長があり，所得水準が上昇し，さらに市場化が促進された。企業内のサービスの外部化により合理化や組織のスリム化が進み，パートタイマーや派遣人材が増加した。その結果，労働生産性が向上した。

その一方では，一般消費者の家庭内サービスが外部化された。例えば，自家製であった食事（以下「内食」）が，外食へと外部化された。内食のための作業は，女性の主要な家事労働の一つであったが，外部化により，内食の準備作業や後片付け作業，家庭内サービスなどが削減された。このように，内食が外食へ外部化される傾向が急上昇し，外食産業は外部化先として急拡大した。

また，家事労働が減少して時間の余裕ができると，女性は社会へ進出しやすくなり，女性労働が労働市場に急速に拡大した。

　特に，女性がパートタイマー化することで，家計の所得水準が上昇した。所得水準が上昇すると，サービスの市場化が促進されることは既に述べた。レストランもこの例外ではなく，家事調理の外部化によって市場化が促進された。多くの家庭から調理を外部委託されたレストランは，大量生産することで規模の経済性を発揮する。レストランの調理技術は専門特化され，競争により品質が向上し，合理化も加わり，外食のレストランは発展を遂げた。レストランは，家庭のサービスの外部化の一部を受け持った。サービスの外部化とレストランの発展には，このような密接な関係がある。

　外部化され独立した専門事業者は，多くの顧客を相手にするので，大量供給によりコストダウンできる。ゆえに，サービスを外部化すると，規模の経済性が働く。企業と同様に，一般家庭がサービスを購入する第一の理由は，外部化によるコストダウンである。また，外部化された専門事業者は，専門特化してサービス技術を進歩させ，単位コストを削減した。

　サービスの外部化によりサービスが取引対象として広く注目され，サービスの市場化が促進され，需要と供給が増大した。これに伴う経済成長が所得水準を上昇させ，さらに市場化を促進した。サービスの外部化による雇用増大は，社会全体の雇用増大に貢献した。家事労働は無償労働であり，レストランでの労働は有償労働であるため，完全に新規雇用を創出したことになる。この新たな雇用者への賃金が所得を増大させる。

　チェーンシステムを採用したFRやFFは，専門特化した店舗オペレーションやセントラル・キッチン方式などの技術と資本を導入し，規模の経済性を発揮し低価格の外食を提供するようになった。また，マニュアル化や規格の統一によって，サービスの「質的水準」の向上と安定が図られた。FRやFFの合理化による賃金上昇は所得水準の上昇をもたらし，外食への外部化を循環的に促進した。

8 中食の市場拡大

　1990年以降のバブル経済後の不況下で，家庭への回帰現象が起きたといわれている。消費者は外食費を切り詰め，家庭で食事をするようになった。しかし，未加工の食材から調理するそれまでの内食とは異なり，中食の調理済食品を購入する傾向が強まった。ここでも家庭内の調理が，中食を提供する企業に外部化されたといえよう。

外食と中食とのコスト評価の変化

　バブル経済崩壊前は"食の外部化"に向いていた傾向が，反転して"食の内部化"へと向かった背景には，所得水準の低下がある。しかし，"食の内部化"が"内食"へとは向かわなかったのは，"自分の時間と労働力を投入し，わざわざ素材から調理する程，自分の労働評価額は低下していない。"という理由があったのだろう。

　また，内食との代替効果は，中食の方が外食よりも大きい。素材から調理する内食の替わりに，中食の調理済食品を購入する方が，外食するよりも割安となる。このため，外食離れが起き，いわゆる「外食から中食へのシフト」の傾向が強まっていると考えられる。

　中食の機能は，モノの特性との共通要素が多い。モノを扱う製造業がサービス業と比べて生産性が高いように，中食は外食と比べると，モノの特性がある製造と小売の2機能において効率化しやすく，生産性が高くなる。一方，外食におけるサービスの労働集約的作業は，非モノの特性（第9章4詳述）があるので，生産性は低くなる。サービスの労働集約的作業を効率化するには，自動化や合理化によるコストダウンが必要だ。コストダウンし低価格化できれば，中食との価格差を縮小することができる。

　また，コストダウンによる余力を空間とサービスに注げば外食の付加価値が高まる可能性がある。レストランの付加価値の源泉である，空間とサービスの

ソフト・プロセスへ経営資源を集中できるようになれば,「レストランの魅力」をさらに発揮することができるだろう。

　このような外食と中食との競合やこれらの機能の分析から,レストランの機能を最大限に発揮できる機能別戦略を策定することが必要である。

　注　……………………………………………………………………………………

[1]　日本農業新聞 (2020年11月 1 日),P. 3 。

第 **8** 章

フードサービスの
経営システムデザイン

1　IOSによる経営システムデザイン

　製造（調理），サービス，小売，空間の各機能をどのように発揮させるかという機能別戦略を決定したならば，次に経営システムデザインを行う。システムデザインは商品開発のIOSの手法を用いて行うと分かりやすい。

　まず，メインシステムのアウトプット（O）を決定する。経営理念に基づく経営戦略から抽出されたヒト・モノ・情報をアウトプット（O）とし，このアウトプット（O）を産出するための必要最小限のヒト・モノ・情報であるインプット（Ｉ）を策定する。

　次に，大枠のシステム（S）であるメインシステムとサブシステム（SS）を策定する。ここで製造，小売，サービス，空間の各機能別の戦略をデザインする。

　最後に，IOSの各デザインを統合し整合性を検証する。各戦略間での差異や矛盾点を解消し，最終的に実践的な経営システムを構築するという手順で経営システムをデザインする。そして，このメインシステムをマネジメントする機能としてマネジメント・システムを策定する。

　これらの手順は次のとおりである。

① メインシステム（S）のアウトプット（O）の決定

② メインシステム（S）のインプット（I）の策定

③ メインシステム（S）の策定

④ メインシステム（S）のサブシステム（SS）の策定

⑤ IOSの整合性の検証

⑥ マネジメント・システムの策定

1.1 メインシステムのアウトプット（O）の決定

　経営理念に基づいた経営戦略から策定されたヒト・モノ・情報をアウトプット（O）とする。例えば，経営理念を「A社は顧客の満足度を高める」とし，経営戦略で「顧客の満足度を高める」戦略を策定したならば，メインシステムのアウトプット（O）を「満足度を高められた顧客」にする。これはA社の使命でもある。

1.2 メインシステムのインプット（I）の策定

　アウトプット（O）を得るために必要最小限のヒト・モノ・情報をインプット（I）とする。

　例えば，アウトプット（O）が，製造（調理）・サービス・小売・空間の有効な機能が発揮され「満足度を高められた顧客」ならば，インプット（I）は「顧客」などのヒトと，レストランで提供される「食材・飲み物」（以下「食材」）などのモノである。

　インプット（I）をインプット展開により決定する方法は既に述べた（第3章3.2）。顧客を決定するにはマーケティング・コンセプトにある「誰に売るのか」をもとにして，誰をインプット（I）としてシステム（S）に投入するのかと発想する。そして，アウトプット（O）と整合させることが必要である。

　インプット（I）の食材は，メインシステム（S）のインプット（I）として投入されると，サブシステム（SS）の製造システムで調理され，料理・飲

み物（以下「料理」）としてサブシステム（SS）のアウトプット（O）となり，顧客に提供される。したがって，「顧客」と一体化するようにデザインする。

1.3 メインシステム（S）のアウトラインとサブシステム（SS）の策定

「満足度を高められた顧客」をアウトプット（O）とし，「食材」と「顧客」をインプット（Ｉ）とする主要なメインシステム（S）を策定する。ここでは，メインシステムのアウトラインを策定し，インプット（Ｉ）・アウトプット

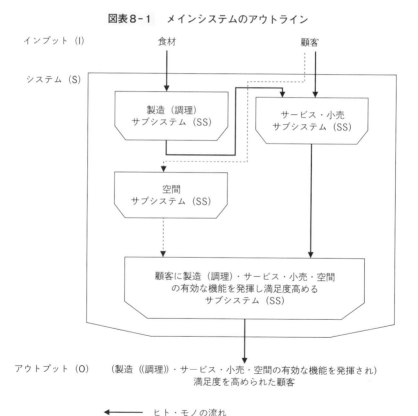

図表8-1　メインシステムのアウトライン

出所）筆者作成

（O）・メインシステム（S）の概略の関係を把握する。このメインシステムの
アウトラインに，サブシステム（SS）を組み入れて詳細化していく。

① 製造（調理）システムデザイン

メインシステム（S）の「満足度を高められた顧客」をアウトプット（O）
とするには，メインシステムのサブシステム（SS）である製造（調理）シス
テムで，「顧客に有効な機能を発揮する料理」をアウトプット（O）として製

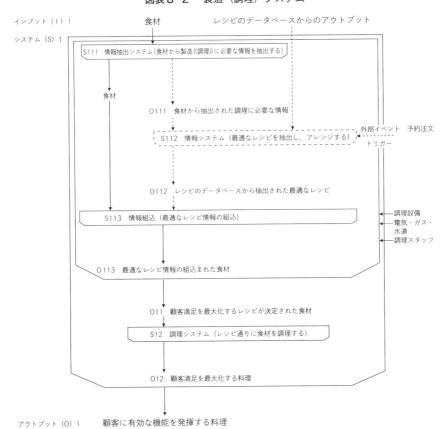

図表8-2　製造（調理）システム

出所）筆者作成

造（調理）する。

　では，どのような「食材」をインプット（Ｉ）とするのだろうか。また，これを効果的かつ効率的にどのように調理するのかというサブシステム（SS）をデザインする。「調理設備や電気・ガス・水道」，そして「調理スタッフ」などはこのサブシステム（SS）の要素なので横から入れる。このシステムで調理された「料理」は，次にサービス・小売システムへのインプットとして投入する。

②　マス・カスタマイズ・システム

　図表8-2製造（調理）システムの「レシピのデータベースからのアウトプット」は，「最適なレシピを抽出しアレンジする情報システム」へのインプットとなるレシピ情報である。

　最適なレシピとは何か。ここで，「食材を活かし顧客の嗜好に合わせたレシピ」を最適なレシピとすると，次のようなカスタマイズした料理をアウトプットとするシステムデザインができる。

　「鎌倉の採れたての食材」と「外国人観光客」をインプットとする。その食材から調理に必要な情報を抽出し食材への調理効果が発揮される調理法候補をレシピのデータベースより選ぶ。一方では，顧客から抽出された嗜好情報を分析する。ここでは，AIを用いたマッチングシステムにより最適のレシピを決定する。次にモジュール化調理を行う。これは，ある程度パターン化された調理システムである。個々の好みに合わせて調理するものの，汎用性もあるのでマス・カスタマイズが可能になる。

　顧客はできるだけ自分の要望を取り入れて欲しい，また，わがままを受け入れて欲しい。一方，レストランはできるだけ多くの料理を効率良く作りたい。この双方を可能とするのが，モジュール化調理である。

　「鎌倉の採れたての食材」を用いた料理は多種あるが，その中で，ターゲットとする顧客の嗜好に合う料理の種類は次第に限定されていく。いわゆるストライクゾーンは，それほど広くはない。これにホールスタッフのお勧めが加わ

ると，パターンは限定される。ここでは，「外国人観光客」の嗜好情報との
マッチングをもとに，モジュール化調理を行う。

　こうして，「個別の外国人観光客の嗜好に対して，カスタマイズされた最適
な調理法に従い，AIモジュール化調理と専門調理スタッフにより調理された
料理（鎌倉の採れたての食材を用いた美味しい料理）」をアウトプットとする
マス・カスタマイズ・システムが設計される（**図表8-3**）。

③　サービス・小売システム

　マス・カスタマイズ・システムを策定できたら，次に，「料理・サービス・
小売の有効な機能を発揮された顧客」をアウトプット（O）とするには，どの
ような「顧客」をインプット（I）とすればよいのだろうか，「料理」とサー
ビス・小売を効果的かつ効率的にどのように提供すればよいのだろうか，と
いったサービス・小売システムをデザインする。システム要素は「サービスス
タッフ，情報処理システム」などである（**図表8-4**）。

　料理の提供とともに，サービス・小売が一体となって行われるサービスの
「生産と消費の同時性」（第9章4詳述）のために，サービスは顧客に提供され
ると同時に消費される。

④　空間システム

　「空間の有効な機能を発揮された顧客の感性情報」をアウトプット（O）と
するには，どのような「空間（建物・設備）」をインプット（I）とするのだ
ろか。そして，どのようなしつらえでメンテナンス・クリーニングを効果的か
つ効率的に行い顧客満足度を高めるのかという空間システムをデザインする。
システム要素は，「清掃メンテナンス・スタッフ」などである。

　料理は，顧客に提供されると飲食され消費されるが，空間は，顧客に提供さ
れても消費されない。空間の醸し出す雰囲気が楽しまれ堪能されるのみである。
これは顧客の感性に訴えるシステムでもある。この顧客の感性情報をコント
ロールするのが空間システムの最大の機能である。したがって，インプット

図表8-3　マス・カスタマイズ・システム

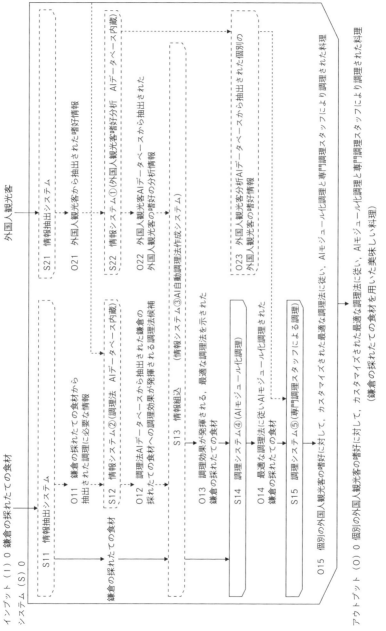

インプット（I）0　鎌倉の採れたての食材
システム（S）0

S11　情報抽出システム
O11　鎌倉の採れたての食材から抽出された調理に必要な情報

S12　情報システム②（調理法　AIデータベース内蔵）
O12　調理法AIデータベースから抽出された鎌倉の採れたての食材への調理効果が発揮される調理法候補

S13　情報組込　（情報システム③AI自動調理法作成システム）
O13　調理効果が発揮される、最適な調理法を示された鎌倉の採れたての食材

S14　調理システム④（AIモジュール化調理）
O14　最適な調理法に従いAIモジュール化調理された鎌倉の採れたての食材

S15　調理システム⑤（専門調理スタッフによる調理）

O15　個別の外国人観光客の嗜好に対して、カスタマイズされた最適な調理法に従い、AIモジュール化調理と専門調理スタッフにより調理された料理
（鎌倉の採れたての食材を用いた美味しい料理）

外国人観光客

S21　情報抽出システム
O21　外国人観光客から抽出された嗜好情報

S22　情報システム①（外国人観光客嗜好分析　AIデータベース内蔵）
O22　外国人観光客AIデータベースから抽出された外国人観光客の嗜好の分析情報

O23　外国人観光客分析AIデータベースから抽出された個別の外国人観光客の嗜好情報

アウトプット（O）0　個別の外国人観光客の嗜好に対して、カスタマイズされた最適な調理法に従い、AIモジュール化調理と専門調理スタッフにより調理された料理

出所）筆者作成

図表8-4　サービス・小売システム

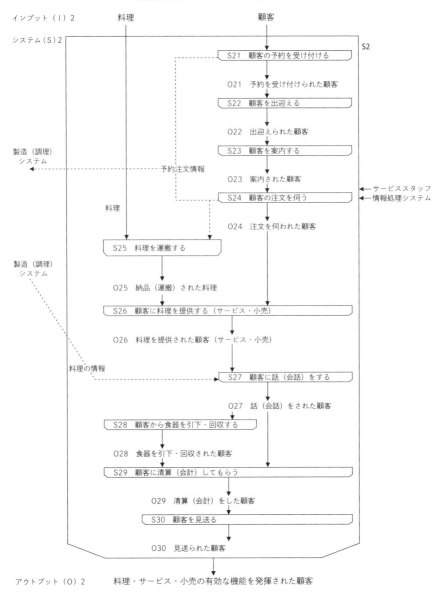

インプット（I）2　　　　　料理　　　　　　　　　　顧客

システム（S）2　　　　　　　　　　　　　　　　　　　　　　　　　　　　　S2

S21　顧客の予約を受け付ける

O21　予約を受け付けられた顧客
S22　顧客を出迎える

O22　出迎えられた顧客
S23　顧客を案内する

製造（調理）
システム　　　　　　　　　予約注文情報
O23　案内された顧客

料理　　　　　　　　　　　　　　　　　　　　　　←サービススタッフ
S24　顧客の注文を伺う　　　　　←情報処理システム

O24　注文を伺われた顧客

S25　料理を運搬する

製造（調理）
システム
O25　納品（運搬）された料理

S26　顧客に料理を提供する（サービス・小売）

O26　料理を提供された顧客（サービス・小売）

料理の情報
S27　顧客に話（会話）をする

O27　話（会話）をされた顧客

S28　顧客から食器を引下・回収する

O28　食器を引下・回収された顧客

S29　顧客に清算（会計）してもらう

O29　清算（会計）をした顧客
S30　顧客を見送る

O30　見送られた顧客

アウトプット（O）2　　　料理・サービス・小売の有効な機能を発揮された顧客

出所）筆者作成

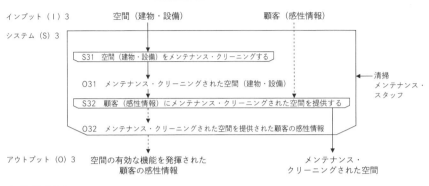

図表8-5　空間システム

インプット（I）3　　　　空間（建物・設備）　　　　顧客（感性情報）

システム（S）3

S31　空間（建物・設備）をメンテナンス・クリーニングする

O31　メンテナンス・クリーニングされた空間（建物・設備）

清掃
メンテナンス・
スタッフ

S32　顧客（感性情報）にメンテナンス・クリーニングされた空間を提供する

O32　メンテナンス・クリーニングされた空間を提供された顧客の感性情報

アウトプット（O）3　　空間の有効な機能を発揮された　　　　　　　メンテナンス・
　　　　　　　　　　　　顧客の感性情報　　　　　　　　　　　　　　クリーニングされた空間

出所）筆者作成

（I）として顧客の感性情報が投入される。そして，サービス・小売が提供される同じ時空間で有効な機能を発揮する（**図表8-5**）。

1.4　メインシステム・デザイン

　メインシステムにおいて，サブシステムの製造（調理）システム，サービス・小売システム，空間システムをデザインしたのがメインシステム・デザインである。

　インプット（I）は「食材，レシピ，顧客」，アウトプット（O）は「製造（調理）・サービス・小売・空間の有効な機能を発揮され満足度を高められた顧客」である。システム要素は「調理設備，電気・ガス・水道，調理スタッフ」「サービススタッフ，情報処理システム」「空間（建物・設備）」「清掃メンテナンス・スタッフ」などである。

図表8-6　メインシステム

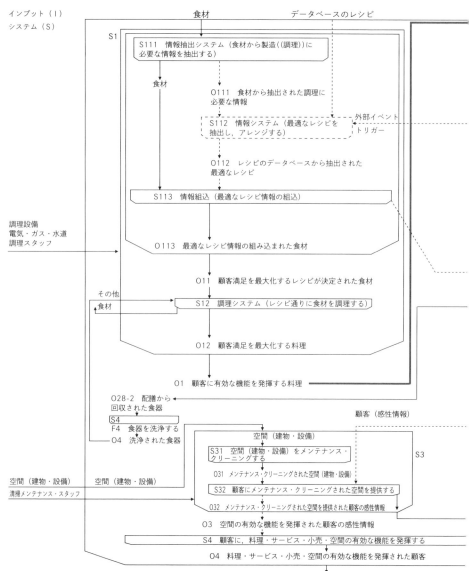

インプット（I）　　　　　　　　　　食材　　　　　　データベースのレシピ
システム（S）

S1

S111　情報抽出システム（食材から製造（（調理））に
必要な情報を抽出する）

食材

O111　食材から抽出された調理に
必要な情報

S112　情報システム（最適なレシピを
抽出し，アレンジする）　　　　　　　　外部イベント
　　　　　　　　　　　　　　　　　　　　トリガー

O112　レシピのデータベースから抽出された
最適なレシピ

S113　情報組込（最適なレシピ情報の組込）

調理設備
電気・ガス・水道
調理スタッフ

O113　最適なレシピ情報の組み込まれた食材

O11　顧客満足を最大化するレシピが決定された食材

その他
食材

S12　調理システム（レシピ通りに食材を調理する）

O12　顧客満足を最大化する料理

O1　顧客に有効な機能を発揮する料理

O28-2　配膳から
回収された食器
S4
F4　食器を洗浄する
O4　洗浄された食器

顧客（感性情報）

空間（建物・設備）

S31　空間（建物・設備）をメンテナンス・
クリーニングする　　　　　　　　　　　　　　　　S3
O31　メンテナンス・クリーニングされた空間（建物・設備）

空間（建物・設備）　　空間（建物・設備）
清掃メンテナンス・スタッフ

S32　顧客にメンテナンス・クリーニングされた空間を提供する
O32　メンテナンス・クリーニングされた空間を提供された顧客の感性情報

O3　空間の有効な機能を発揮された顧客の感性情報

S4　顧客に，料理・サービス・小売・空間の有効な機能を発揮する

O4　料理・サービス・小売・空間の有効な機能を発揮された顧客

アウトプット（O）　　（製造（（調理））・サービス・小売・空間の有効な機能を発揮され）満足度を高められた顧客

出所）筆者作成

118

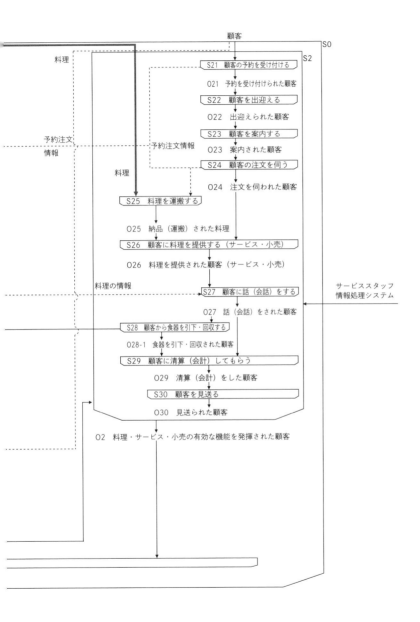

顧客

S0

S2

| S21 | 顧客の予約を受け付ける |

O21　予約を受け付けられた顧客

| S22 | 顧客を出迎える |

O22　出迎えられた顧客

| S23 | 顧客を案内する |

O23　案内された顧客

| S24 | 顧客の注文を伺う |

O24　注文を伺われた顧客

料理

予約注文
情報

予約注文情報

料理

| S25 | 料理を運搬する |

O25　納品（運搬）された料理

| S26 | 顧客に料理を提供する（サービス・小売） |

O26　料理を提供された顧客（サービス・小売）

料理の情報

| S27 | 顧客に話（会話）をする |

サービススタッフ
情報処理システム

O27　話（会話）をされた顧客

| S28 | 顧客から食器を引下・回収する |

O28-1　食器を引下・回収された顧客

| S29 | 顧客に清算（会計）してもらう |

O29　清算（会計）をした顧客

| S30 | 顧客を見送る |

O30　見送られた顧客

O2　料理・サービス・小売の有効な機能を発揮された顧客

2　経営システムデザインのPDCAへの活用

PDCAとは，Plan（計画），Do（実行），Check（評価），Action（改善）の頭文字を取ったもので，継続的に業務改善する手法である。計画から改善まで4段階を1つのサイクルとして繰り返す。1950年代に米国の統計学者のデミングにより提唱され，製造業を中心に生産管理や品質管理に効果を発揮し，日本でも広く取り入れられた。このPDCAを経営システムデザインに活用することができる。

2.1　PDCAの内容

PDCAサイクルの具体的な内容は次のとおりである。

① Plan（計画）

計画を立て具体的な数値目標を設定する。次に工程表を作り，担当者，タイムスケジュールを決めて具体的な実行計画に落とし込む。

② Do（実行）

計画を実行に移す。実行しながら効率や効果が低い原因を調べ，具体的な数値目標に届かない要因を探索する。目標の達成に制約となるボトルネックを見つけ出す作業もこのプロセスで行う。

③ Check（評価）

集めた数値データから計画と実行結果との差を評価する。差の原因となるボトルネックを解明する。これを解消するための具体的な改善方法を決定し，改善を実行する改善計画を立てる。

④　Action（改善）

改善計画を実行に移す。実行後に，当初の数値データと比較し，どれだけ改善されたかを検証する。さらなる改善が必要ならば，次のPDCAサイクルへ落とし込みサイクルを回転させる。

⑤　ヒト・モノ・情報のCheck（評価）

PDCAを経営システムデザインのCheck（評価）に用いる。特にヒト・モノ・情報の流れに注目し，作業の妨げとなるボトルネックを解明する方法について述べる。

2.2　ヒト・モノ・情報の流れ

ヒト・モノ・情報の流れを先に示したメインシステム上で図示する（**図表8-7**）。

ヒトは主にスタッフと顧客に分かれる。そのスタッフの中でも特にホールスタッフは，配膳し接客することから，レストランという顧客との同一空間で接点が多い。これは「生産と消費の同時性」（第9章4）というサービスの特性に起因する。

コロナ禍においては，これが問題視される。レストランという同一空間で，スタッフと顧客，顧客同士，スタッフ同士間でコロナウイルスの感染が起こりやすいためである。これを解消するために様々な対策がとられている。**図表8-7**では，スタッフと顧客の動きを大まかに分析することができる。

特にコロナ禍では，顧客との接点をできる限り非接触化する対策をとり，安心・安全という付加価値を顧客に提供することが求められているといえよう。ここでは具体的な機械化案を紹介する。**図表8-8**のソフトバンクロボティクスの自動配膳ロボット「Servi」（サービィ）は，既にレストランに導入されている配膳ロボットである。

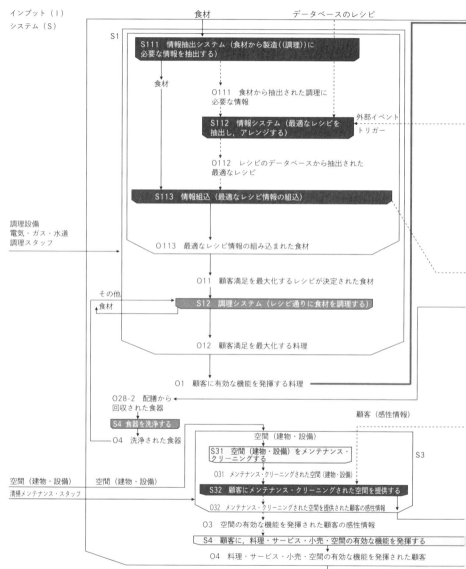

図表8-7　ヒト・モノ・情報の流れ

インプット（I）
システム（S）

食材　　　　　　　　　　　　　データベースのレシピ

S1

S111　情報抽出システム（食材から製造（（調理））に必要な情報を抽出する）

食材

O111　食材から抽出された調理に必要な情報

外部イベント
トリガー

S112　情報システム（最適なレシピを抽出し，アレンジする）

O112　レシピのデータベースから抽出された最適なレシピ

S113　情報組込（最適なレシピ情報の組込）

調理設備
電気・ガス・水道
調理スタッフ

O113　最適なレシピ情報の組み込まれた食材

O11　顧客満足を最大化するレシピが決定された食材

その他
食材

S12　調理システム（レシピ通りに食材を調理する）

O12　顧客満足を最大化する料理

O1　顧客に有効な機能を発揮する料理

O28-2　配膳から回収された食器

S4　食器を洗浄する

O4　洗浄された食器

顧客（感性情報）

空間（建物・設備）

S31　空間（建物・設備）をメンテナンス・クリーニングする

S3

O31　メンテナンス・クリーニングされた空間（建物・設備）

空間（建物・設備）
清掃メンテナンス・スタッフ

空間（建物・設備）

S32　顧客にメンテナンス・クリーニングされた空間を提供する

O32　メンテナンス・クリーニングされた空間を提供された顧客の感性情報

O3　空間の有効な機能を発揮された顧客の感性情報

S4　顧客に，料理・サービス・小売・空間の有効な機能を発揮する

O4　料理・サービス・小売・空間の有効な機能を発揮された顧客

アウトプット（O）　　（製造（（調理））・サービス・小売・空間の有効な機能を発揮され）満足度を高められた顧客

出所）筆者作成

122

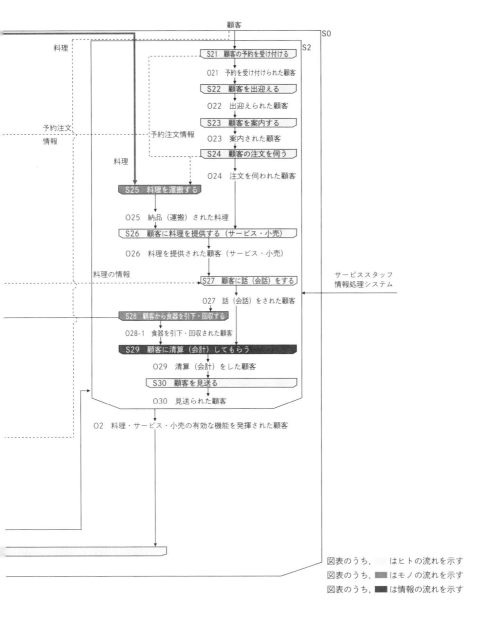

顧客

S0

S2

| S21 | 顧客の予約を受け付ける |

O21　予約を受け付けられた顧客

| S22 | 顧客を出迎える |

O22　出迎えられた顧客

| S23 | 顧客を案内する |

O23　案内された顧客

| S24 | 顧客の注文を伺う |

O24　注文を伺われた顧客

料理

予約注文情報

予約注文情報

料理

| S25 | 料理を運搬する |

O25　納品（運搬）された料理

| S26 | 顧客に料理を提供する（サービス・小売） |

O26　料理を提供された顧客（サービス・小売）

料理の情報

| S27 | 顧客に話（会話）をする |

サービススタッフ
情報処理システム

O27　話（会話）をされた顧客

| S28 | 顧客から食器を引下・回収する |

O28-1　食器を引下・回収された顧客

| S29 | 顧客に清算（会計）してもらう |

O29　清算（会計）をした顧客

| S30 | 顧客を見送る |

O30　見送られた顧客

O2　料理・サービス・小売の有効な機能を発揮された顧客

図表のうち，■■■はヒトの流れを示す
図表のうち，■■■はモノの流れを示す
図表のうち，■■■は情報の流れを示す

図表8-8　自動配膳ロボット「Servi」（サービィ）

出所）ソフトバンクロボティクス㈱　ホームページ

　サブシステムを詳細化してヒトやモノの流れを分析し，そこから，非接触化できる工程を探し出し，その工程を機械化やロボット化する。これによって配膳し接客するホールスタッフと顧客との接点を，できる限り非接触化することができる。その結果，感染リスクを減らすことができれば，安心・安全なレストランとして評価されるだろう。

　また，この配膳ロボットは，情報の流れのボトルネックの解消にも機能を発揮する。ロボットは，タッチパネルによる注文を情報処理し，適時適所に配膳・引下げの作業に移行する。そして，主にレストランの情報処理を行う汎用的な図表8-9のようなPOSシステムとの連携により，情報を精緻化することができるであろう。

図表8-9　POSシステム

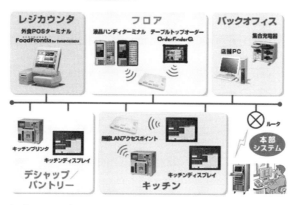

出所）シャープマーケティングジャパン㈱　ホームページ

3　メインシステムと外部環境・内部環境との整合性
（IOSの整合性の検証）

　このように，メインシステムを設計し，さらに詳細な設計へと落とし込んでいく。

　ここで大切なのが，いかにして前段の戦略の策定プロセスと整合させるかである。この段階になると，**図表8-7**のような詳細設計が独り歩きして，経営理念や経営戦略と矛盾する箇所が出てくる場合がある。この矛盾は，実際の経営にはリスクとなる。従業員の熱い意欲はその矛盾のために冷め，顧客には見透かされ，ブランドの構築は遠のくといったことが起こりうる。

　したがって，このメインシステム（S）とインプット（I）およびアウトプット（O）を常にチェックし，外部環境と内部環境を整合させることが大切となる。

4　経営理念とメインシステム・デザイン（IOSの整合性の検証）

　企業は，最上位概念である経営理念を達成するために，経営を実践する。したがって，経営理念とシステムを整合させ，経営を整合性に基づいて実践できるように設計することが大切である。メインシステム・デザインは，この具体化のための設計である。しかし，実際の経営においては，時間の経過とともに"経営理念の達成"が忘れ去られる。もしくは，経営理念が単なる"お題目"として形骸化するケースが多い。

　一方では，企業の発展とともに，経営理念をさらなる上位概念へとシフトする必要に迫られる。もしくは，外部環境へ適応するためにダーウィンの進化論のように，経営理念を進化させる必要に迫られる。そのときには，実際の経営の外部環境と内部環境との整合性のもとに，経営理念を更新すべきである。

5　マネジメント・システムのデザイン

　メインシステム・デザインは，経営戦略の策定に続くプロセスである。経営理念や経営戦略は基本設計図であり，これらをより具体化する実施設計図を作成する必要がある。まず経営理念や経営戦略に従い，内部環境のヒト・モノ・情報といった経営資源をコントロールするマネジメント・システムのデザインが必要となる。このシステムに，**図表8-10**の①から⑧を明確化して落とし込む。

図表8-10　マネジメント・システムデザインの手順

①経営目標＝目標設計

事業戦略・競争戦略・機能別戦略を基本設計した後に，それぞれの達成すべき目標を詳細に示す。

②組織文化＝行動規範の共有

組織文化とは，組織に共有された価値観や行動規範である。組織のリーダーは，この価値観や行動規範を示し共有化することにより，組織文化を醸成する必要がある。

③組織構造＝役割分担と体系化

役割分担を示し，権限配分（エンパワーメント）や運営規則を定め，体系化することにより，組織構造を設計する。

④計画・予算＝日程プロセス図

詳細設計を構成する計画を日々の実行計画に具体的に落とし込み，予算計画を立てる。

⑤リーダーシップ＝指揮

リーダーシップは，組織の全体と各グループのトップが果たす重要な機能である。

⑥コントロール＝モニタリング・修正

コントロールは，「Plan－Do－Check－Action」（PDCA）のサイクルの中での，Check－Actionでありモニタリングと修正のプロセスである。事業が計画通りに実行されているかどうかを，実績値としてモニタリング（観察）するが，計画と実績値に差がある場合には，これを修正するために，対策を立て実施する。このモニタリングは人事評価にも関係する。

⑦評価と動機付け＝インセンティブ

モニタリングし，客観的な判断基準により人事評価する。インセンティブを与え，動機付けすることにより，組織構成員の意欲を高める。

⑧育成・人事＝人材育成と人事政策

組織構成員にやる気を起こさせながら，成長させることが企業の発展に必要である。事業を成功させ，企業を発展させながら人材を育成する人事政策を組み込む。

出所）筆者作成

　これらを，マネジメント・システムのデザインに落し込んだのが**図表8-11**である。

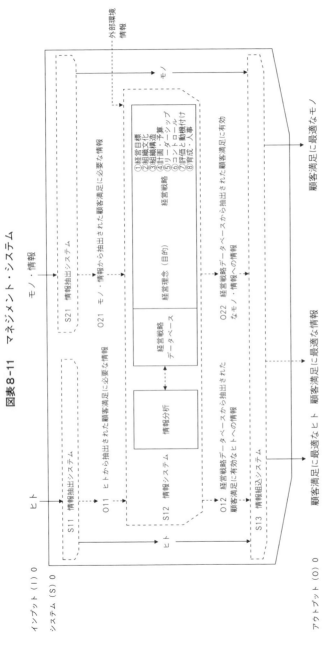

図表 8-11 マネジメント・システム

インプット（I）O

ヒト

システム（S）O

モノ・情報

外部環境
情報

S11 情報抽出システム

O11 ヒトから抽出された顧客満足に必要な情報

S21 情報抽出システム

O21 モノ・情報から抽出された顧客満足に必要な情報

モノ

S12 情報システム

情報分析

経営戦略
データベース

経営理念
（目的）

経営戦略
①経営目標
②組織文化
③組織構造
④計画・予算
⑤リーダーシップ
⑥コントロール
⑦評価と動機付け
⑧育成・人事

O12 経営戦略データベースから抽出された
顧客満足に有効なヒトへの情報

O22 経営戦略データベースから抽出された
有効なモノ・情報への情報

S13 情報組込システム

顧客満足に最適なヒト

顧客満足に最適な情報

顧客満足に最適なモノ

アウトプット（O）O

出所）筆者作成

128

5.1　メインシステムとマネジメント・システムの概略関係

　メインシステムには，上記のようなマネジメント・システムが必要であることは既に述べた。レストランの現場をバックアップし，ヒト・モノ・情報を適切に管理するマネジメント・システムと，メインシステムとの大まかな関係は**図表8-12**である。

図表8-12　メインシステムとマネジメント・システムの概略関係

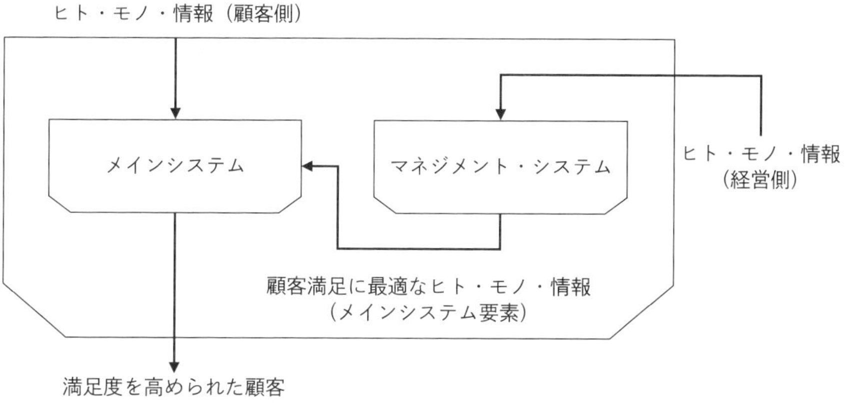

出所）筆者作成

5.2　トータル・システムの全体図

　ここまで説明したメインシステム（**図表8-6**）と，マネジメント・システム（**図表8-11**）を統合したトータル・システム（**図表8-13**）は，レストラン全体の具体的な実施設計図である。

　このようなトータル・システムをデザインすることにより，ヒト・モノ・情報といった経営資源を具体的にコントロールするマネジメント・システムが構築される。ここから一貫性のあるレストランの経営システムデザインが動き始める。

図表8-13　レストランのトータル・システム

マネジメント・システム（図表8-11）

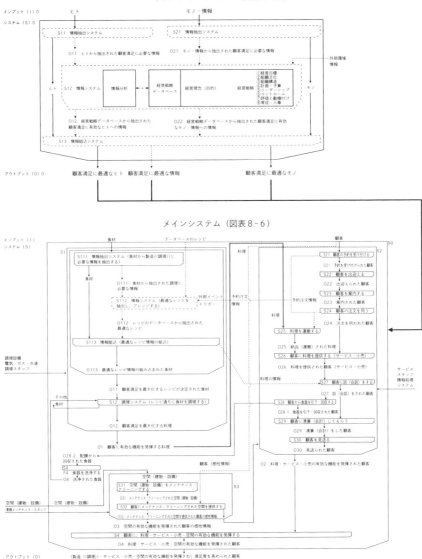

出所）筆者作成

第 9 章

フードサービスの
ホスピタリティ

1　サービスとホスピタリティの意味

　フードサービスで慣例的にサービスと呼ばれる作業は，給仕や客あしらいなどのお客様をとりなすこと，いわゆる接客であり，日本人にとってなじみの深い言葉である「おもてなし」の意味合いを含む。しかし，「おもてなし」に最も近い外来語はホスピタリティである。日本では，サービスがホスピタリティと同じ意味で使われている場合が多い。そこで，まずサービスとホスピタリティを比較することで，ホスピタリティの本来の意味を考えていきたい。

　サービス（Service）は，ラテン語が語源であり，「奴隷」「隷属」「召使」と深い関係がある。これが派生して「従う」「奉仕」「有用」「役に立つ」などの意味をもつようになった。

　そして，ホスピタリティ（hospitality）も，ラテン語が語源である。「異人」「未知の訪問者（stranger）」を歓待し，宿泊・食事・衣類を無償で提供するといった昔の風習に遡った意味を含む。

　このように，サービスの語源には，「奴隷（slave）」や「召使（servant）」などの主従や差別の関係があった。これに対し，ホスピタリティの語源には，「主人（host）と客人（guest）」が同一の立場を保つ関係を見ることができる。しかし，現在，レストランでの接客においては，サービスとホスピタリティの

双方が用いられることが多い。

　さて，日本では，日本独自文化である茶の湯（茶道）や華道に見られる対人関係上のマナーや作法からホスピタティを考察するアプローチがある。ホスピタリティは，対価を求めるのではなく，喜びや癒しなどを与えることに重きを置く。ホスピタリティには，客人の喜び感動する姿を見て，自分自身も幸せを感じるという精神があるとしている。したがって，本書では「ホスピタリティ＝心からのおもてなし」と定義する。

1.1　マナーの意味

　行儀作法を意味する英語のマナー（manners）は，手を意味するラテン語のマヌス（manus）を語源とするサービスやホスピタリティと似た言葉である。マナーは，相手に不快感を与えないための最低限のルールであり，人間関係の基礎としての大切な礼儀作法を意味する言葉として日本でも一般的に使われている。マナー・サービス・ホスピタリティについて**図表9-1**にまとめて示した。

図表9-1　マナー・サービス・ホスピタリティ

	マナー 英語：Manners	サービス 英語：Service	ホスピタリティ 英語：Hospitality
現代的意味	行儀作法	奉仕する・仕える	心からのもてなし 歓待・歓待の精神
語源 起源的意味	ラテン語：manus（マヌス） 手	ラテン語：servitus （セルヴィタス） 奴隷	ラテン語：hospics （ホスピス） 客人の保護
派生 派生的意味	英語：manual マニュアル	英語：slave 奴隷	英語：hospital 病院
派生 派生的意味		英語：servant 召使い	英語：hospice ホスピス
関係性	人間関係の基礎	主従関係 対価が必要	主客対等 対価を求めない 他者へのいたわり

出所）筆者作成

1.2　期待を上回る満足・感動を与えるホスピタリティ

　ホスピタリティは満足・感動を期待されることが多い。お客様の期待に対して，結果としてどのように応えていたのかという，期待レベルと結果レベルの差が満足・感動や不満足・憤慨といった評価と連動する。これを３ステージに分けて示したのが**図表9-2**である。

図表9-2　お客様の満足・感動の３ステージ

ステージ	期待・結果レベル	評価	内容
1	期待　＞　結果	―	不満足・憤慨
2	期待　＝　結果	0	普通
3	期待　＜　結果	＋	満足・感動

①ステージ１のホスピタリティ
お客様の期待に届かないホスピタリティ。お客様は不満足。憤慨するケースもある。
②ステージ２のホスピタリティ
お客様の期待に届くホスピタリティ。当然提供するべきレベルといえる。
③ステージ３のホスピタリティ
お客様の期待を上回るホスピタリティ。お客様は満足・感動を得る。

出所）筆者作成

　このように，お客様の期待を超えたホスピタリティによる満足・感動の創造がステージ３であり，ホスピタリティの目標とすべき評価である。

2　マズローの欲求階層と満足・感動の創造

　さて，お客様は様々な期待をもっているが，その背景にはマズロー[1]によるところの欲求階層があり，次の各階層の欲求を満たすホスピタリティが満足・感動の創造に求められるといえよう。
　これらを階層ごとに低次欲求から高次欲求へ，レストランに当てはめると**図表9-3**のようになる。

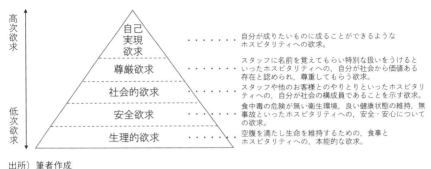

図表9-3　欲求階層図をレストランに当てはめる

高次欲求

自己
実現
欲求　・・・・・・ 自分が成りたいものに成ることができるような
　　　　　　　　　ホスピタリティへの欲求。

尊厳欲求　・・・・・・ スタッフに名前を覚えてもらい特別な扱いをうけると
　　　　　　　　　いったホスピタリティへの，自分が社会から価値ある
　　　　　　　　　存在と認められ，尊重してもらう欲求。

社会的欲求　・・・・・・ スタッフや他のお客様とのやりとりといったホスピタリ
　　　　　　　　　ティへの，自分が社会の構成員であることを示す欲求。

安全欲求　・・・・・・ 食中毒の危険が無い衛生環境，良い健康状態の維持，無
　　　　　　　　　事故といったホスピタリティへの，安全・安心について
　　　　　　　　　の欲求。

低次欲求

生理的欲求　・・・・・・ 空腹を満たし生命を維持するための，食事と
　　　　　　　　　ホスピタリティへの，本能的な欲求。

出所）筆者作成

3　ホスピタリティ産業

　日本でのホスピタリティ産業には，観光・旅行（ツーリズム），宿泊（ホテル・旅館），飲食（レストラン，カフェ），余暇（レジャー）等を挙げることができる。米国でのホスピタリティ産業には，これに加えて，健康（病院，フィットネス），教育などの産業が含まれる。

①　観光・旅行（ツーリズム）

　お客様にとって観光・旅行は，"思い出"となる大切な機会である。スタッフはホスピタリティにより，"最高の思い出づくり"のお手伝いをすることが求められる。

②　ホテル・旅館

　上位クラスのホテル・旅館においては，お客様が非日常的でより満足度の高い体験を求めるため，これに見合ったより高度なホスピタリティが求められる。

③　ウェディング

多くのお客様にとって，一生の記念となる結婚の場。感動を与えられるホスピタリティによって，"最高の思い出"を提供することが求められる。

④　医療

医療業界では，"患者様"を大切にするホスピタリティが求められる。

⑤　その他

テーマパーク，アパレル，美容室，その他の小売業や運輸業などにおいても，お客様により満足をしていただくために，ホスピタリティに根ざした経営が求められるといえよう。

3.1　ホテルのホスピタリティ

さて，ホスピタリティ産業の代表格であるホテルについて述べよう。ホテルではフロントクラーク，ドアマン，ベルスタッフなどのスタッフが，お客様に対面し直接的にホスピタリティを提供する。また，ハウスメイド（清掃スタッフ）などはお客様に直接対面することはまれだが，裏方として間接的にホスピタリティを提供する。これらの総合的なホスピタリティの品質は，ホテルの格となり大いなる差別化要因となる。

上位クラスのホテルには，次のようなきちんとしたホスピタリティ向上の"しくみ"がある。

① スタッフは，常にお客様の感動を演出するために行動する。
② スタッフ同士でお互いを賞賛するしくみがある。
③ 失敗したとしても許される風土がある。失敗を活かして，次にどうすれば成功につながるかを検討する。勤務評価で減点されないため，スタッフは常に向上心をもってトライできる組織風土がある。
④ スタッフに権限委譲が行われ，一定額の決裁権があるために，モチベー

ションを高めながら仕事することができる。

⑤　自分が会社から大事にされていることが分かるからこそ，お客様をより
大事にしたいと心の底から思える。

　また，上位クラスのホテルには，お客様の気持ちを読み解けるプロのコンシェルジュによる次のようなホスピタリティがある。

①　お客様の言葉だけでなく反応も確認する。
②　お客様のミスをユーモアでフォローする。
③　勝手な思い込みで接客をしない。
④　お客様とイメージを共有する。
⑤　お客様の本当の望みを探り当てる。
⑥　「できない」を代案で「できる」にする。
⑦　お客様に"おすすめ"を聞かれたときの答え方は，お客様の気持ちに寄り添いながら提案する。
⑧　徹底的に確認する。
⑨　ホスピタリティはチームプレーで臨む。

3.2　旅館のホスピタリティ

　旅館には，次のようなホテルとは異なったホスピタリティの提供がある。

①　「さりげなく」表立って押し付けにならないおもてなし。
②　日本文化の伝統である「礼儀」や「作法」などの敬意を示すマナーを接客に組み込んでいる。

　上位クラスの旅館やホテルでは，前述のホスピタリティ向上のしくみに加えて，その土地ならではの魅力をうまく演出する。現地の自然，文化遺産，特産品といった観光資源からなる土地の魅力を，サービスによって増幅するような

ホスピタリティがある。

3.3　日本の「おもてなし」

　日本特有のホスピタリティである「おもてなし」とは，「目配り，気配り，心配り」を大切にし，茶道でも表現される"侘び寂びの心"をもち，表に出過ぎない控えめなものである。まだその場にいない客人に対して，その方をお迎えするにあたり，心を込めて準備をするなど，目に見えない心を目に見えるものに表す（可視化）。そのための努力や舞台裏は少しも表面に出さず，言葉にもしない。おもてなしする客人に余計な気遣いをさせない「目配り，気配り，心配り」が「おもてなし」の本質であり，これが日本のホスピタリティに通じる。

　このホスピタリティをもって，お客様を大切に思う心を言葉や態度，お店のしつらえ，環境整備等に表していくことが日本では大切である。「どうしたらそのお客様に喜んでいただけるか，満足していただけるか」を常に考え行動に移すことが「おもてなし」，すなわち日本のホスピタリティであり，最上級の心遣いであるとされる。

　これを修得するには，ホスピタリティをもってお客様に満足を超えた感動を与えるという心構えが必要である。まず，ホスピタリティをもってお客様に貢献する。そうしてこそ，はじめて自分への利益が生まれると心から思うことが大切である。

4　サービスとホスピタリティの特性（IHIP）

　サービスには図表9-4に挙げるような代表的な4つの特性があり，これらはホスピタリティの特性としても当てはまる。これらの特性とモノの特性との違いが，料理や飲み物といったモノと接客といったホスピタリティを提供するフードサービスにおいて様々な影響を及ぼす。

図表9-4　サービスの持つ4つの特性（IHIP）

①無形性（intangibility）	モノのように見たり触ったりできない
②異質性（heterogeneity）	サービスの品質に差が生じやすい
③同時性（inseparability）	サービスの生産と消費が同時
④消滅性（perishability）	在庫ができない

出所）筆者作成

これらの4つの特性について，もう少し詳しく紹介する。

4.1　無形性（intangibility）

無形性は形のあるモノのように見たり触ったりできないという特性である。サービスは機能なので，無形であり一過性のものである。

しかし，直接的なサービスはシーンとして見ることができる。例えば，レストランのスタッフがホールを"清掃"しているシーンは，"清掃"というサービスが提供されていると簡単に分かる。しかし，見えるのは清掃員や清掃器具であり，"清掃"というサービスの機能そのものを見ることはできない。

また，保険というサービスの機能も見ることはできない。レストランが掛けている損害保険は，来店中のお客様に事故が生じたときにお客様の損害を補償している。このような抽象的なサービスは間接的であるため，機能のみでなくシーンも見ることはできない。

さらに無形性には，サービスがモノと異なり，事前に認識できないという特性も含まれる。モノについては，お客様が見て触って認識してから買うといった購買行動があるが，サービスではそれができない。したがって無形性は，お客様に対してのサービスの認識を難しくさせる。

例えば，レストランのクレンリネス（Cleanliness）で，お客様に「"キレイ"に消毒・滅菌しています！」と宣言しても，目に見えないので消毒・滅菌を完全に認識してもらうことができない。そこで，レストランは事前にこの"キレイ"の基準を示し，例えば定期的にトイレを消毒・滅菌していますといった，

サービス内容を明確にする必要がある。無形なサービスには，このように曖昧さの排除が求められることが多い。

　お客様があるサービスを初めて提供してもらおうとするとき，事前に認識できないゆえに不安感や不信感を覚えることがあるだろう。このようなお客様が抱くマイナス感情を事前に取り除くことは，サービスの他の特性とも関連する課題である。

4.2　異質性（heterogeneity）

　サービスの品質に差が生じやすいという特性である。サービスを提供する人や場所，またサービスを提供されるお客様の環境や心理状態により，サービスの効果やお客様の反応が異なる。

　例えばレストランでは，同じ品質の料理や飲み物が同一価格で提供されたとしても，スタッフの接客の上手い下手によってサービスの品質に差が生じる。またお客様の体調や気分もサービスの効果や反応に差を生じさせる。

　ただし，サービスが直接的に人によって行われないときには，これが当てはまらない場合がある。例えば，同じロボットを用いて同じプログラムで提供されるサービスでは，品質にあまり差が生じないといえよう。

4.3　同時性（inseparability）

　サービスの生産と消費が双方向的に，時間的・空間的に同時に発生するという特性である。

①　時間・空間の特定性

　サービスは必ず時間と空間に特定されるという特性である。サービスが存立するには，サービスを提供する側とサービスを受ける側とが，特定の時間と空間において出会っていなければならない。したがって，時間と空間の特定が不可欠である。

　例えばレストランでは，提供されるサービスが，お客様の来店から退店まで

の時間と店舗という空間に特定される。

②　非自存性

サービスは，それ自身だけでは存在できないという特性である。サービスを提供する側と，サービスを受ける側の両者が存在しないとサービスは存在しない。これに対しモノは，生産と消費を分けることができるので，それ自身だけで存在できる。

③　生産・販売・消費の同時進行性

生産・販売・消費の同時進行性とは，サービスがある一定の時間のみに存在し，終了時には消滅するという特性である。したがって，サービスは一回の授受のみで消滅する。これは生産・販売・消費が同時に進行するためである。サービスは「その時，その場限りの商品」であり，転売できない。これに比較して，モノは，使用前後でも転売できるケースが多い。

サービスの結果は，サービス対象のモノの変化として残るケースが多い。例えば，レストランのクレンリネス（Cleanliness）の結果は，"キレイ"（美しさ・清潔さ）として残る。しかし，サービス自体は，機能であり生産・販売・消費が同時に進行する一過性の存在である。

④　工程の時間的・空間的移動分離の不可能性

工程の時間的・空間的移動分離の不可能性とは，一般的に，サービスの提供と享受が，時間・空間的に，同時に同地点で行われるという特性である。サービスは流通と在庫が不可能なので，「サービスは直接提供」という原則が生まれる。

4.4　消滅性（perishability）

サービスは一過性で消滅する機能なので，在庫ができないという特性である。

①　貯蔵不可能性

　モノは貯蔵することができるので，在庫として確保することができる。した
がって，計画生産や見込生産ができるし，輸送も可能である。

　これに対してサービスは貯蔵できないので，在庫として確保することができ
ない。したがって，計画生産や見込生産ができないし，輸送も不可能である。
ここで，サービス提供能力をいかに管理するかが重要となる。貯蔵ができない
ので，時間調整で対応するしかない。

　例えば，レストランでは需要のピークタイムに合わせてパートタイムのス
タッフを集中させるシフト制を導入して，サービスを最大限提供できるしくみ
で対応できる。逆に，低需要の時期は，スタッフ休暇としてスケジュール化，
他の職場への転用もしくはピークシーズンのための準備活動への活用などで対
応できる。

　一般的なレストランでは，需要の集中する時間帯が，昼休み時間や夜の仕事
後（アフターファイブ）といった食事時間である。このような場合，特に接客
に従事するスタッフ（ホールスタッフ）に交代制で，需要の集中する時間帯に
なるべく多く出勤してもらう。その労働時間に見合った賃金のみを支払うとい
う方法が採用される。昼10：00〜14：00の4時間，夜17：00〜21：00の4時間
といった4時間シフト勤務がとられているケースが多い。両シフト時間帯を合
わせると8時間である。しかし，1人の従業員が両シフトを受け持つと10：00
〜21：00までの11時間もの拘束時間になる。間の1時間を休憩時間としても10
時間が勤務時間となり，8時間の正規労働に加えて2時間の残業が加わる計算
になる。

　この14：00〜17：00まで，実はホールスタッフにあまり作業がない。店内で
素材から完全調理するレストランで調理を担当する調理スタッフは，もちろん
休憩はとるにせよ，14：00〜17：00も忙しい。夜の時間帯に来店するお客様に
満足してもらう"美味しい料理"を提供するための準備作業に追われる。この
ようなレストランでは，調理スタッフとホールスタッフとの作業の繁閑が時間
によって生じる。これに対応するために，ホールスタッフはパートタイム，調

理担当は正規雇用とするといった雇用体制がとられることが多い。このような雇用体制をとることによって，経営者は人件費の高騰を抑える工夫をしているといえよう。

　また日本のリゾートホテルでは，季節によって需要の偏りが生じる。これに対して，全国展開するホテルでは，時期による繁閑に合わせて従業員をグループ・ホテル内で異動させたり，休暇をスケジュール化することで対応している。例えば，12月〜3月のスキーシーズンに需要のピークとなるスキー場に隣接するリゾートホテルでは，同時期に需要があまりないマリンスポットに隣接する同グループ内のリゾートホテルから従業員を異動させて，繁忙期のサービス提供に対応する。6月〜9月は，この逆の異動を行いサービス提供の調整を行う。これらは，サービスは貯蔵ができないために，サービス提供を時期による繁閑に合わせて対応しているケースである。

②　「貯蔵不可能性」における販売方法

　閑散期と繁忙期の販売を，意図的にコントロールすることができる。例えば，一般的な方法に，価格の割引，割増しシステムがある。旅行会社のツアー料金は，一般的に年末年始やゴールデンウィークといった，長期休暇が取りやすい時期に高くなる。これとは反対に，年始明けやゴールデンウィーク明けといった休み明けが安くなる。どちらの時期でも，提供される飛行機やホテルのサービスはほとんど変わらない。長期休暇が取りやすい時期には旅行への需要が増し，航空会社やホテルは繁忙期となる，休み明けは逆に需要が減り閑散期となる。旅行会社は，航空会社やホテルへの需要を同じにするために旅行代金によってコントロールする。旅行希望者は，料金が上がると購入を控え，下がると購入をしたがる。しかし，せっかく料金が下がったとしても，長期休暇が取れる時期と旅行の時期とが合わないと，購入するわけにはいかない。しかたがないので，長期休暇が取れる時期に合わせて，高い料金でもツアーを購入する。この二重価格制は旅行や外食などのホスピタリティ産業で多く用いられる手法である。

　レストランでは，繁忙期と閑散期，またピークタイムとアイドルタイムで，メニュー価格の設定を二重価格とする。もしくは料理や飲み物など，いわゆる"おまけ"を付けて需要をコントロールするケースが多い。

4.5　お客様のご要望に応える"心からのおもてなし"

　ホスピタリティは，お客様の目の前で瞬時に提供されることが多い。このとき，生産と消費が時間的・空間的に同時に発生するという特性（同時性）のために，返品・交換ができず，この提供を元に戻すことができない（不可逆性）。そのため，一人ひとりがより良いホスピタリティを提供しようと常に高い意識をもち，チームとしてこれに臨むことが大切である。

　繁盛し続けているレストランは，料理や飲み物が美味しく，雰囲気が良い。そこには，また利用したいと思わせる「お客様のご要望に応える"心からのおもてなし"」がある。次回の来店を促し，リピーターを増やすといった"繁盛店づくり"の大切な"しくみ"の一つは，より良いホスピタリティの提供である。

　お客様を歓迎し，お客様一人ひとりを心から大切におもてなしなしする。これを実行できているお店は，やはりお客様で賑わっている。時代の変化に伴いお客様のご要望は変わるが，"心からのおもてなし"は変わることなくお客様に評価され続けるといえよう。

5　チェンジ・マネジメントとホスピタリティ

　コロナ禍で，レストランの外部環境が激変した。自社はどうあるべきか，何をすべきかと，ビジョンを見つめ直す必要に迫られている。ドメインを再設定し，内部環境をデザインし直すことにより，外部環境変化に耐えられるマネジメント・システムの変革が，これから求められるだろう。

　一般的に，大きな変革にはスタッフの抵抗が伴う。大きな業務改革が行われるときに，スタッフに内部環境の変化を受け入れやすくする手法がチェンジ・

マネジメントである。急速な内部環境の変化についていけずにやる気を失うスタッフが出ないように，新たなマネジメント・システムの目的を示して変革の意義をスタッフに浸透させる。

　「対応の仕方が理解できない」「慣れた環境を変えないで欲しい」といった抵抗には，経営側とスタッフ側との相互理解を深め，スタッフの経営への参画意識を高めることにより，モチベーションを向上させる対応が必要である。特にレストランには，チームワークの基盤となる，顧客にとっての価値を高めようとするレストラン文化が必要である。このような相互協力的な基盤を形成することにより，レストラン全体が改革に向けて結束していくことがチェンジ・マネジメントのカギとなる。

　レストランでは顧客に接することにより，仕事のやりがいを感じ達成感を得られるようなマネジメント・システムが求められる。能力を伸ばすための適材適所の人員配置や教育機会の提供，気づきを与える評価，将来に期待をもてるキャリアデザインなどの人事システムにより，人材の成長およびマンパワーの増強が期待される。

　レストランでは，スタッフが顧客と接してホスピタリティを提供する。ここでは，スタッフの人としての心理とマネジメント・システムが整合していることが求められる。個人が顧客に提供するホスピタリティにおいて，マネジメント・システムをデザインするのであれば，おのずとスタッフの心理をコントロールするマネジメント・システムの重要性が高まる。いかにして，個人に経営理念に適した高いレベルのホスピタリティを提供してもらうか，いかにして，複数の人に経営理念と整合するように“価値共創”してもらうかと巧みにデザインする必要がある。

　それでは，どのようなマネジメント・システムがレストランに適するのであろうか。

6　サービス・プロフィットチェーンとホスピタリティ

例えば，サービス・プロフィットチェーンをデザインするとしよう。

サービス・プロフィットチェーンとは，Heskett（1997）らによって示された[2]，従業員満足・顧客満足・企業業績の因果関係を表したモデルである（図表9-5）。ホスピタリティ・レベルを維持管理し，顧客ロイヤルティーを長期にわたり獲得することをホスピタリティのマネジメント・システムとしている。

このモデルに従えば，レストランにおけるマネジメント・システムとは，顧客志向のレストラン文化を醸成することを中心にしたマネジメント・システムである。

レストランでは，顧客接点の最前線となるスタッフの働きがいや全体意識が，顧客へのホスピタリティ・レベルに大きな影響を及ぼす。したがって，これらはマネジメント・システムでは大切な要素となる。スタッフの働きがいと全体意識を高めることのできるレストラン文化が，顧客と直に接するスタッフの創意と誠実さを育む。そして，経験的学習において訓練を反復して行うこと，さらにはスタッフの定着率とスキルの向上が進むことにより，ホスピタリティ・

図表9-5　サービス・プロフィットチェーン

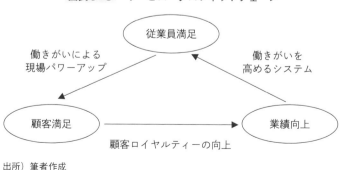

出所）筆者作成

レベルが上がり，結果としてスタッフ満足・顧客満足が高まる。このスパイラルが優位性を発揮し，レストランの業績を押し上げる。この利益を評価と動機付け（インセンティブ）に充てて人材育成と人事政策を強化することで，教育システムやホスピタリティ・レベルをさらにアップさせるといった好循環のスパイラルに至る。

このマネジメント・システムの中核となる原理とは何であろうか。ホスピタリティのマネジメント，特にレストランにとっては，顧客に接するスタッフ個人個人の能力や努力を引き出すシステムが必要である。そのためには，マネジメント・システムに，スタッフが能力と意欲を高められるデザインを施しておくことが大切である。

山根（2003）は「業績＝環境×工夫×情熱」が，「業績を高めるメカニズム」の算式であるとしている。そして次の問を発している。

① 環境
環境を凝視することは，エネルギーを消費し面倒であり，人は自己の世界に閉じこもりがちである。
② 工夫
工夫すること自体は面白いが，新しいやり方で失敗することを人は好まない。
③ 情熱
スタッフに情熱があれば業績が上がることは公知であるが，人には好き嫌いがあり，情熱に火を灯すことは簡単でない。情熱は冷めやすく，ずっと持ち続けるのは困難である。

ホスピタリティのマネジメントにおいては，トップ自らが外部環境を凝視して問題提起し，内部環境と整合させるべく工夫を重ね，スタッフ個々人に情熱を傾けさせることが必要となる。すなわち，外部環境と内部環境とを整合させるべく，マネジメント・システムに工夫を凝らし，スタッフが情熱をもって目

標達成に意欲を燃やすようなマネジメント・システムのデザインが必要である。

　特に，人に依存するレストランの業績は，スタッフが情熱を傾けられる組織構造，レストラン文化，リーダーシップ，人材育成・人事政策，インセンティブがデザインされているかどうかに大きく影響を受ける。

7　エンパワーメントとホスピタリティ

　エンパワーメントとは，権限移譲のもとで意思決定や自主的活動の自由をスタッフに与えることである。エンパワーメントがレストランで適切に行われると，スタッフのモチベーションが高まる場合が多い。

　ただし，エンパワーメントと責任の範囲はどこからどこまでかを明確にし，これに内部環境を整合させる必要がある。

　例えば，エンパワーメントを受けたスタッフが，「自分で決めることができる権限（自己決定権限）」と，「自分で決めることができる能力（自己決定能力）」をもち，自律的に業務内容と業務方法を決定し，他のスタッフに影響力を及ぼしモチベーションを高めながら，高い業務目標を情熱的に達成していくのであれば，このエンパワーメントは成功である。したがって，そのスタッフには，高い成果につながる行動特性（コンピテンシー）が必要である。そのスタッフを常にモチベートし続けるリーダーシップや業績を正当に評価するインセンティブ，組織の構造，そしてそれを"良し"とするレストラン文化が内部環境として必要である。

　エンパワーメントしたとしても，細かく指示を与え，少し業績が下がると責任を追及し，他のスタッフに影響力を及ぼすことを疎ましく思う上司，その業績を正当に評価しないインセンティブなどはエンパワーメントと内部環境が整合していない例である。

　エンパワーメントでは，権限移譲を促進するリーダーシップが適している。民主的な意思決定プロセスを通じて部下の自律的活動を評価する。ホスピタリティのマネジメント・システムに経営資源が不足な場合は，可能な限り支援す

るようなリーダーシップが求められる。そして，高い業務目標を達成した暁には，その工夫と情熱に報いるインセンティブが活かされれば，さらに工夫と情熱の上昇スパイラルを加速させようとするモチベーションが高まる。

　サービスには，「生産と消費の同時性」と「顧客との協働」という特性がある。顧客に接するスタッフは，現場にて程度の差があるとしてもエンパワーメントされている。この"ホスピタリティ提供の瞬間"に，いかにモチベーションの高いスタッフが情熱をもって提供するかという課題に対して，エンパワーメントを活かすマネジメント・システムのデザインが大切である。

8　自律的行動のための活性化システムと　　ホスピタリティ

　チェンジ・マネジメント，サービス・プロフィットチェーン，エンパワーメントを行うには，トップの強いリーダーシップのもとで，経営理念や経営目標をはっきりと示すべきである。トップは熱意をもって経営理念や経営目標をスタッフに伝え，やる気を与える。スタッフはモチベートされると自律的に仕事に励む。

　しかし人は，励んだ後は疲れるものだ。特にコロナ禍が終息し，業績が回復し安定してくると仕事がマンネリとなり，最初の頃の意欲や気迫がどうしても薄れるだろう。単純作業は単調作業となり，人を飽きさせ，思考能力を低下させる。これがマンネリとなり表情に出る。しかし，特に顧客に直に接する業務は，顧客に疲れを見せてはいけない。これを回避するのが，次の自主提案による変革システムである。

　「私が責任者だったらこうする」というホスピタリティ提供の方法をスタッフ全員の前で発表し，スタッフが投票で決める。レストランに緊張感を与え，中だるみを防ぐことができる。スタッフ同士が切磋琢磨しつつ，変革の空気が生まれる。

　責任者も疲れマンネリに陥りやすい。しかし，自ら立候補し責任者となり，

ましてやレストラン経営の大まかな目標に自ら責任をもって取り組むことにコミットしているため，気を引き締めて業務に励む。自分が主役という意識をもつことができれば，現場の自由裁量から創意工夫も生まれる。顧客の喜びがスタッフの喜びとなり，上昇スパイラルで業績が伸びる道理である。すなわち，サービス・プロフィットチェーンにおいて，エンパワーメントは，スタッフの満足感を高めるものとされる。"自律的に動くには，何かがヒトのネジを巻かなければ"いけない。そのためのシステムがないと，内部環境は活性化しない。

　顧客に直に接するホスピタリティ提供の現場では，失敗は許されない。例えば結婚式で新郎新婦の名前を呼び間違えたらどうであろう。スタッフにとっては多くの顧客によって何度も繰り返される結婚式だが，結婚する人にとっては一生の内にそう何度も繰り返されるイベントではないだろう。「失礼しました。」では済まされないケースとなる。

　1回ごとの顧客接点で起こる顧客体験のすべてを，常に最高の状態に維持することが大切である。レストランにおいて，顧客1人がスタッフ1人に接する時間は割と短い。この顧客接点の時間が決定的瞬間である。これを最高の品質にするというホスピタリティ提供のコンセプトが，「真実の瞬間」である[2]。

注 ……………………………………………………………………………

［1］アブラハム・マズロー（A.H.Maslow）は，アメリカの心理学者。人間の欲求は，5段階のピラミッドのように構成されている。底辺から始まり，1段階目の欲求が満たされるごとに，その1段階上の欲求を次々と目指すという説を唱えた。
［2］1981年にスカンジナビア航空（SAS）の社長に就任したヤン・カールソンによって提唱されたサービス・コンセプト。

第 **10** 章

フードサービスの

会計

1 繁盛店とは何か

本書のサブタイトルは，『繁盛店のしくみと作り方』である。では，繁盛とは，具体的にどのような経営を意味するのだろうか。

来客数が多い。売上高が多い。利益が多い。美味しいとグルメサイトで評価される。あるいは，これらのすべてが当てはまる。これが繁盛なのだろうか。

自らレストランを経営したいと考えるならば，まずは「繁盛店とは何か」と自分なりに定義することを勧める。レストランの会計処理，管理会計，簿記の知識よりも，「繁盛とはどのような経営状態なのか。」をロジカルに，シンプルに，そして自分の主義として定義できることが大切である。

1.1 来客数が繁盛店の尺度の例

単純に来客数の多い店を繁盛店というのであれば，当然のことながら来客数が多ければ多いほど繁盛していることになる。日々の来客数100人の店の方が10人の店より繁盛，といえるだろう。しかし，来客数以外を繁盛の尺度とするならば，逆に，日々の来客数10人の店の方が100人の店よりも繁盛，といえることもあるだろう。

1.2　売上高が繁盛店の尺度の例

　もうすでに気付いただろうが，繁盛店の尺度が来客数でなく売上高とすれば，「来客数10人の売上高＞来客数100人の売上高」という経営もあり得る。つまり，売上高を尺度とすれば，来客数の多いことが繁盛，とは必ずしもいえない。

　世の中には，単価10万円の料理を提供するレストランが実在する。このような超高級レストランは，超高級ワインを提供することで，客単価が50万円を超えることも珍しくない。このような超高級レストランでは，仮に客単価が20万円であれば，来客数10人で日商は200万円となる。一方，ラーメン店で客単価1,000円では，来客数100人でも日商は10万円にとどまる。

　売上高が繁盛店の尺度とすれば，来客数10人の超高級レストランの方が100人のラーメン店よりも繁盛，となる。さて，読者はどちらが繁盛店と考えるだろうか。

1.3　利益が繁盛店の尺度の例

①　「売上高－食材費」で判断すべきなのか

　上述の超高級レストランのほうがラーメン店よりも売上が多いので，「利益」も多いだろう。したがって，利益という尺度を用いても，超高級レストランの方が繁盛店であるに違いないと単純に考えてはいけない。売上が多いからといって，必ずしも利益が多いとはいえない。

　例えば，単価10万円の料理を10人分提供して売上100万円，さらに，単価10万円のワインを10本提供して売上100万円とすれば，売上合計200万円となる。超高級レストランだが，食材費は売上高の50％にもなる。高級ワイン（飲料費）も50％かかる。1本当たり5万円で仕入れて10万円で提供する。つまり10本50万円で提供する。

　このとき，「売上高－食材費」は次のとおりである。

　　高級レストランの「売上高－食材費」
　　料理売上100万円－食材費100万円×50％＝50万円
　　飲料売上100万円－食材費（飲料費）100万円×50％＝50万円
　　売上高200万円－食材費100万円＝100万円

一方，ラーメン店の「売上高－食材費」は次である。
（食材費率は一般的な比率の30％である。）

　　ラーメン店の「売上高－食材費」
　　料理売上10万円－食材費10万円×30％＝７万円

　この結果として両店を比べると，「売上高－食材費」は，100万円＞７万円となり，超高級レストランの方が多い。この数値だけを見れば，超高級レストランの方が繁盛，と考えるだろう。しかし，この判断のもとは，「売上高－食材費」という数値比較にすぎない。この段階での判断は早急すぎる。なぜならば，「売上高－食材費」は「利益」ではないからである。

②　レストランの利益とは何か
　レストラン経営では，食材費（飲料費も含む）だけがコストではない。その他にも厨房設備，フロアの什器備品，家賃，そして人件費，広告宣伝費など様々なコストがある。
　単価10万円の料理を提供する超高級レストランの厨房設備，フロアの什器備品，家賃，人件費はどの程度のものかと想像してみる。
　単価10万円の料理を提供するレストランの内装，食器は，高額の代金を請求するのに相応しくこだわりがないといけない。さもないと顧客は納得せず，リピーターにはならないであろう。また厨房設備は，超高級料理を提供するためにこだわった調理機械・器具を揃えた重装備となるであろう。
　さらに人件費はどうであろうか。調理レベルの高いシェフをはじめとする調

理スタッフやフロアスタッフは，高度な経験と技術を持っている。このような
メンバーが揃っていないと，顧客は納得しないであろう。パート・アルバイト
のスタッフのみとはいかないので，人件費はおのずと高くなる。

　レストランの立地も，高額な料理を消費する顧客が集まる場所となる。レス
トランの建物もそれなりの佇まいになるので，地代家賃も高くなるのは想像に
難くない。

　つまり，単価10万円の料理を作るレストランを経営するコストは，食材費の
みならず，他のすべてのコストも高くなることが容易に想像できるであろう。

　食材費のみならず，食器などの消耗品費，地代家賃，人件費，厨房設備，内
装等に関する減価償却費などレストラン事業に必要なコストをすべて合計して，
売上高から差し引いた金額が「利益」である。

　「売上高－必要コスト＝利益」を繁盛店の尺度にするとすれば，上述の日商
100万円の超高級料理レストランと，日商10万円のラーメン店のいずれが繁盛
店なのか。この判断は，利益を比較してみないと当然判断できないだろう。

1.4　経営者の給与が繁盛店の尺度の例

　さて，上記で人件費と簡単に記載したが，この人件費に経営者の人件費を含
むか含まないかと考えることは，とても重要である。もし，経営者の人件費を
含まないで計算した利益が50万円である場合，当然ながら経営者の給与は50万
円を超えることができない。もし読者が経営者だとすると，その給与は50万円
以下となる。

　自分の給与は100万円としてレストランを始めると赤字になる。借金をして
自分の給与を捻出するしかない。しかし，そのような愚を犯す経営者に，世間
はお金を貸さないだろう。世間はそれほど甘くない。繁盛店の尺度を利益で考
えると，経営者の給与によって利益は異なる。

　レストランを経営して，読者はいくらの給与を得たいだろうか。月額30万円
で満足するだろうか。それとも，100万円でも不満足であり，200万円ではじめ
て満足するのだろうか。200万円で満足を得られる繁盛店とは，経営者が月額

200万円の給与を得られるレストランとなる。つまり繁盛店の尺度を経営者の給与とすると，得たい額を得られないレストランは繁盛店ではなくなる。

　自分が月額30万円の給与を得られるレストランを経営したいのか，あるいは月額200万円の給与を得られるレストランを経営したいのかにより，レストランの業態や規模はおのずと変わる。

1.5　企業価値が繁盛店の尺度の例

　本書の冒頭で，顧客満足と従業員満足と経営者の給与について次のように述べた。「お客様の喜ぶ顔とまた来たいという言葉があふれる。スタッフのやる気に満ちた活き活きと働く姿が目にまぶしい。ここで働いてよかったという言葉がこだまする。スタッフは収入が増え生活が豊かになる。そして，結果として経営者の収入が増えるというシナリオには，人生をかける意義を見出すことができるであろう。」（はじめに再掲）

　そして，「『お客様に鎌倉に来てよかったと感動していただく』といった経営理念を策定したならば，その期待を裏切らないでどんな時でもお客様に感動を与え続け，また鎌倉に行こう，またあのお店に行こうと思い続けていただくことが大切である。このような，経営理念をきちんと軸に据えた経営が，時の経過にかかわらず，色あせない評価に値するビジネスとなる。」（第1章3再掲）と，経営の評価について述べた。これらは，店のかけがえのない価値となる。この価値が企業価値となり，繁盛店の尺度となる。これについては，本章3にて詳述する。

2　ケース1：株式会社ひらまつ

2.1　繁盛店「ひらまつ」

　第5章3で紹介した「ひらまつ」は繁盛店の尺度の一つである来店数や利益が多く，もちろん味も良い。この株式会社ひらまつ（以下「ひらまつ」）を

ケースにして，レストランの基本的な会計の考察をする。

　ひらまつは株式公開をしている企業である。経営内容は有価証券報告書に記載されているので，誰でも入手可能である。ここには会計の数字も開示されているので，繁盛店の会計として，良いケーススタディーになる。上述で，超高級レストランとラーメン店の例を出したので，高級レストランの代表として，ひらまつの実際の会計数値に触れてみるのは有益であろう。

2.2　ひらまつの沿革

　1982年4月8日創業の東証1部上場の高級フレンチレストランとして知られるひらまつは，中核となるレストラン事業の他にホテル事業等を展開している企業である。2020年3月期は，レストラン23店舗，ホテル6店舗を運営し，これらの店舗で使用する食材を輸出する子会社として，HIRAMATSU EUROPE EXPORT SARLがパリにある。

　ここでは，売上と利益の尺度で，ひらまつが繁盛店なのかどうかを見る。そのために，2020年3月期の有価証券報告書に掲載されているひらまつ（海外子会社との合算ではない）の損益計算書を確認する。

　実は，2020年3月期のひらまつの経営において，レストラン，ブライダル，ホテルのいずれにおいても，度重なる自然災害の発生や競争の激化，低価格志向，労働力の不足などの厳しい外部環境が続いた。これに加え，2020年2月中旬頃からのコロナ禍に伴う外出自粛，イベントの中止要請などの影響が大きかった。多くの婚礼延期に加え，パーティーや法人接待などの多数のキャンセルが発生した。この結果，2019年3月期の7.4億円の営業利益から一転して，13百万円の営業損失に陥った。つまり2020年3月期の経営内容は，売上98億円，売上原価42億円，売上総利益56億円，販売費及び一般管理費56億円，営業損失13百万円である。いわゆる減収減益であった。

　レストラン経営にとって厳しい特殊事情が発生したとはいえ，前期は7.4億円の営業利益を計上していた，いわゆる繁盛店が，短期的にも繁盛店とはいえない営業損失になった。この現実を目の当たりにすると，ビジネスとは実に厳

しいものだと実感せざるを得ないであろう。

2.3　ひらまつのFLRコスト

　レストラン経営においての「FLRコスト」，すなわち，Fは「food（食材費）」，
Lは「labor（人件費）」，Rは「rent（家賃）」の３大コストは，レストラン経営
にとって非常に重要である。このコストを抑えれば抑えた分だけ利益が増える。
抑えられずにコストが増えれば，そのまま利益が削られるケースが多い。

　そして，一般的に理想とされているのが，売上高に占める割合が，「FL」で
50％〜60％，「R」で10〜20％程度といわれている。例えば，食材費比率30％，
人件費比率30％，家賃比率10％だと，テキスト通りの理想的な運営ができてい
るという表現になる。ただし，Lはレストランのすべての人件費であり，Rは
すべての家賃であることを意味している。ここが重要なポイントである。

①　ひらまつの原価率

　開示されている資料によれば，ひらまつの2020年３月期の（売上）原価率は
売上原価42億円÷売上98億円＝42.8％である。通常レストランの，食材費率
30％という指標を大幅に上回る高い比率である。2020年３月期は経営環境が厳
しかったので食材費も高くなったのであろうか。実は違う。2019年３月期も，
売上原価46億円÷売上110億円＝41.8％であった。ここから，2020年３月期が
厳しい外部環境だったので，特別に原価率が高かったというわけではなさそう

図表10-1　ひらまつの損益計算書（抜粋）

	2019年3月期	2020年3月期
売上高	10,909,036	9,841,606
売上原価	4,598,881	4,224,871
売上総利益	6,310,154	5,616,734
販売費及び一般管理費※	5,562,447	5,629,853
営業利益又は営業損失（△）	747,707	△13,118

出所）2020年3月期 有価証券報告書

である。

　それでは，なぜ，上場企業であり，会計管理も高度に実施してレストラン事業を営む企業の原価率が，これほど高いのだろうか。その理由を考えてみる必要があるだろう。

② 　ひらまつの原価

　原価率が高いと思われる理由は，同じく有価証券報告書に記載されている，売上原価明細書を見れば明らかである（**図表10-2**）。

図表10-2　　ひらまつの売上原価明細書

区分	2019年3月期		2020年3月期	
	金額（千円）	構成比（%）	金額（千円）	構成比（%）
Ⅰ 食材費	3,000,337	65.2	2,740,415	64.8
Ⅱ 労務費	1,128,381	24.5	1,071,409	25.3
Ⅲ 経費	470,162	10.2	413,046	9.7
売上原価	4,598,881	100	4,224,871	100

出所）2020年3月期 有価証券報告書

　つまり，ひらまつの売上原価には，食材の費用のみならず，労務費，経費が含まれていた。つまり，売上原価＝食材費+労務費+経費であり，売上原価≠食材費であった。これが，原価率の高い理由だったのである。

（ⅰ）ひらまつの原価は製造業の原価と同じ構成

　売上原価に，料理を作る際の食材費のみならず，料理を作るためのシェフの人件費，料理を作る厨房に関わる設備費（減価償却費），地代家賃，厨房の消耗品費，水道光熱費等の経費を売上原価に含めて計上していることが分かる。

　これは，例えば車を作る際の原価構成と同じである。車を作る原価といえば，ボディーの鋼材，エンジン，内装の仕入代金のみではないことは明らかである。車を組み立てる技術者の人件費，車を製造する工場の地代家賃，製造ライン設備の減価償却費などが含まれる。つまり，ひらまつでは，食材費以外に，労務

費，経費（食材費，労務費以外の費用）のかかることが容易に想像される。

　レストランは，製造の代わりに調理すると考えれば，工場は厨房となり，技術者はシェフとなる。したがって，売上原価には，シェフの人件費，食材費，厨房に関わる一切の経費が，売上原価に含まれるのは当然の理屈となる。

　原価率といっても，「原価とは何か」という定義がまずある。同じ定義のもとで作成された損益計算書をもってはじめて，"他社との比較"あるいは"理想的な原価率"を語る意味が出てくる。これも重要なポイントである。

（ⅱ）他社との比較

　少し本筋とは離れるが，他社との比較もここで紹介したい。ひらまつの損益計算書と株式会社丸千代山岡家（以下山岡家）の損益計算書を比較すると，その違いに驚く。

　山岡家は，1993年3月8日設立され，北海道札幌市東区に本社を置く，ひらまつと同様に東証JASDAQに上場している企業である。「ラーメン山岡家」を，東日本を中心とした全国の主要幹線道路沿いに，全店舗直営，24時間営業を基本として出店している。有価証券報告書では，損益計算書に次頁図表10-3のような数字が開示されている。

　この両社の損益計算書の違いが，レストラン会計における多くの示唆を与えてくれる。まず，最初に目につくのが，山岡家の売上原価に，店舗の食材仕入しか計上されていないことである。この違いはいったいなぜだろうか。

　結論から述べると，ひらまつのほうが，レストランの売上原価をよりロジカルに考えているからといえよう。山岡家の売上原価は，店舗の食材仕入だけとし，他はすべて販売費及び一般管理費に計上している。ある意味では，非常に大雑把な会計といえるであろう。しかし，山岡家の会計監査人が，このような会計処理でも適正である旨の監査報告書を提出している以上，間違いであるとはいえない。両社の計算書の違いを見て，なぜ違うのかと考えることは，会計思考のレベルアップにつながるであろう。

　次にひらまつの食材費率，人件費率，地代家賃率を計算した。上記の損益計算書をもとに山岡家についても計算し，ひらまつの数値と比較するとよいであ

図表10-3　山岡家の損益計算書

	2019年3月期	2020年3月期
売上高	12,827,002	14,106,647
売上原価		
店舗食材期首たな卸高	368,858	328,535
当期店舗食材仕入高	3,467,092	3,944,654
合計	3,835,951	4,273,190
他勘定振替高	※1　170,458	※1　187,427
店舗食材期末たな卸高	328,535	401,546
売上原価合計	3,336,957	3,684,216
売上総利益	9,490,045	10,422,431
販売費及び一般管理費		
役員報酬	74,010	74,040
給与及び手当	1,658,756	1,778,435
雑給	2,503,862	2,840,967
法定福利費	465,933	507,396
退職給付費用	38,203	40,257
役員株式給付引当金繰入額	8,880	14,208
株式報酬費用	6,027	36,165
福利厚生費	27,679	32,158
広告宣伝費	152,293	166,456
旅費及び交通費	147,048	155,983
販売促進引当金繰入額	60,500	60,300
水道光熱費	1,376,959	1,367,156
賃借料	34,538	32,305
地代家賃	778,367	808,650
保険料	34,438	35,586
消耗品費	224,949	261,214
衛生費	168,545	184,149
支払手数料	165,382	164,110
減価償却費	380,169	374,840
その他	776,945	876,361
販売費及び一般管理費合計	9,083,491	9,810,745
営業利益	406,553	611,685

出所）2020年3月期 有価証券報告書

ろう。

　ちなみに，山岡家の役員報酬は，3名で78百万円，1人平均約26百万円である。ひらまつの役員報酬は，1人平均約13百万円で山岡家の約半額である。単価の高いフランス料理レストランを主に経営する企業よりも，客単価1,000円の廉価なラーメン店の経営者の方が，役員報酬の高いことが分かる。

　つまり，"経営者の給与が繁盛店の尺度"とするならば，"ラーメン店の方が高級レストランより繁盛"となる。この現実を見て，さて読者は，どちらの店を目指すのであろうか。

③　ひらまつのL（人件費）

　ひらまつの売上高と食材費の比率は，2020年3月期が食材費27億円÷売上高98億円＝27.5％である。2019年3月期が食材費30億円÷売上高110億円＝27.2％であり，両年度ともほぼ変わらない。2019年3月期は，適正な食材費率30％よりも，低い数字になっている。さすが上場企業といえるだろう。

　一方，人件費は，売上原価に計上される場合は，労務費と表記される。シェフへの給与のほか，法定福利費，福利厚生費も含まれていることになる。2020年3月期は，労務費11億円÷売上高98億円＝11.2％である。人件費率20％が理想であれば，さすが上場企業であり，人件費の管理が効率的であるといえるかもしれない。

　しかしながら，人件費比率20％が企業すべての人件費を意味しているのに対して，労務費は，厨房で働くスタッフの人件費のみを対象にしている。つまり，厨房以外のスタッフの人件費は，売上原価を構成する労務費ではないため，販売費及び一般管理費に計上されている。ここに気がつくと，ひらまつの人件費率は，売上原価に計上されている労務費のみならず，販売費及び一般管理費に計上されている人件費を加えて計算するべきであるということになる。

　さて，ひらまつの販売費及び一般管理費に計上されている人件費は，販売費及び一般管理費56億円とひとくくりにされている。この中身を知ることはできないが，損益計算書の販売費及び一般管理費に関する注記として**図表10-4**の

図表10-4　ひらまつの販売費及び一般管理費の主要箇所

(千円)

	2019年3月期	2020年3月期
従業員給与手当	1,389,987	1,320,413
地代家賃	1,373,236	1,276,638
減価償却費	589,362	512,233

出所) 2020年3月期 有価証券報告書

とおりの記載がある。

　2020年3月期の従業員給与手当14億円を先ほどの労務費11億円に加算すると，25億円となる。売上高比率は25.5％となり，人件費率20％を超える数字となる。

　また従業員給与手当が，社会保険の会社負担額，すなわち法定福利費を含まない金額であるとすると，ひらまつという企業全体の人件費率は25.5％をさらに上回ることになる。

　給与支給額の15％程度を法定福利費と想定する。従業員給与手当14億円×1.15＝16億円と労務費11億円との合計が27億円である。したがって，販売費及び一般管理費の人件費率は，27.6％となる[1]。

　人件費はもちろん人の数によって変動する。実は有価証券報告書には，従業員数，平均年齢，平均勤続年数，平均年間給与が開示されている。ひらまつ単体の2020年3月31日現在の従業員数は563人（このうち77人はアルバイトパートなどの臨時雇用者を1日8時間換算で計算した人数），平均年齢31.9歳，平均勤続年数6.14年，平均年間給与455万円と記載されている。

　平均年間給与455万円×563人＝26億円となる。先ほどの27億円とほぼ同じ金額になる。ただし，平均年間給与455万円には賞与および残業手当も含まれている。一方，社会保険の会社負担額，すなわち法定福利費を含まない金額である。したがって，26億円×1.15＝30億円が，より正確なひらまつの人件費と推定される。その比率は30.6％となり，人件費率20％が理想という基準をかなり上回ることになる。

④　ひらまつのFL（食材費・人件費）

　結局，ひらまつの，「FL」は，F27.2%，L30.6%，FL57.8%となる。FL50%から60%が理想とされると述べたが，ひらまつもその範囲に収まっていることが分かる。

　しかし，この　L30.6%には，計算式からすれば役員報酬は含まれておらず，さらに役員報酬を加算して考える必要があるだろう。

⑤　ひらまつの役員報酬

　日産の元会長カルロスゴーン氏は，役員報酬の未記載で有価証券虚偽記載の罪に問われた。その後，国外逃亡した事件は記憶に新しい。有価証券報告書には，コーポレートガバナンス（企業統治）の状況などの記載が求められている。その中で役員の状況として，役員の報酬などに関する記載がある。この役員の報酬等の記載で，報酬が年間１億円以上の役員がいる場合には，その金額と氏名を記載することが求められている。ゴーン氏はこの記載の金額以上の役員報酬を会社から支給されていた。これにもかかわらず記載していなかったことで，虚偽記載に問われた。これが，ゴーン氏事件の主たる内容である。

　さて話は逸れたが，ひらまつの役員報酬は**図表10-5**のとおり記載されている。

　ひらまつの人件費は，従業員への給与の支給と法定福利費以外に，役員への報酬の支給と，その法定福利費負担が加算されることになる。これらの合計は，報酬84百万円と法定福利費で１億円弱である。社内取締役が４名で報酬額が53,256千円なので，１名平均13,314千円である。

　さて，繁盛とは何なのか。自分は月額いくらの給与を得たいかを明確にする。あくまでも結果として，その給与を得る。そのために，業種・業態を選定し，店づくり，組織づくり，ブランドづくりを策定することが重要であると説明をした。ひらまつという企業の経営者は，役員報酬が13,314千円である。もし，ひらまつのような損益計算書となるレストランを経営するとしたならば，この年間報酬13,314千円は，読者が求める役員報酬となるであろうか。そして，"経

図表10-5　ひらまつの役員報酬内訳

役員区分	報酬等の総額（千円）	報酬等の種類別の総額（千円）				対象となる役員の員数（人）
		固定報酬	業績連動報酬	ストック・オプション	退職慰労金	
取締役 （社外取締役を除く）	53,256	46,299	-	6,956	-	4
監査役 （社外監査役を除く）	10,432	10,000	-	432	-	1
社外役員	20,100	20,100				7

出所）2020年3月期 有価証券報告書

営者の給与が繁盛店の尺度"とするならば，この額を得られる企業が繁盛店と確信できるか考えてみるとよいであろう。

　もちろん，ひらまつは株式公開企業であり，役員報酬のみならず，株式配当，株価を意識した経営をしなければならない。いわゆるオーナー経営ではない事情がある。ひらまつの経営と報酬を参考として，読者が考える繁盛店の姿と比較するのは，目指す繁盛店の経営にとって有益な思考訓練となるであろう。

⑥　ひらまつのR（家賃）

　次に，上記の販売費及び一般管理費の主要なものの中で，2020年3月期の地代家賃が13億円と計上されている。家賃比率は，地代家賃13億円÷売上98億円＝13.3％である。理想の家賃比率20％からしても，かなり下回っている。

　これには理由がある。売上原価に厨房の人件費のみが計上されていることとは反対に，13億円の地代家賃は，あくまで販売費及び一般管理費に計上されている家賃のみである。売上原価の経費に計上されているだろう家賃は含まれていない。

　売上原価の経費に計上されているであろう地代家賃は有価証券報告書の記載のみでは分からない。厨房とフロアの面積比率が2対3と仮定すれば，売上原価の経費に計上されている地代家賃は13億円÷3×2＝8.7億円となる。全体の家賃は8.7億円＋13億円＝21.7億円，家賃比率21.7億円÷98億円＝22.1％とに

なる。理想の20%を少し超える程度である。家賃が高い分，メニュー価格も高い。したがって，22.1％にとどまっているということが確認できる。

　有価証券報告書に，2020年３月31日現在のひらまつの主要な設備は**図表10-6**のとおり記載されている。いわゆる高級レストランということで，高い家賃の立地なのが明白である[2]。

図表10-6　ひらまつの主要設備

事業所名 (所在地)	設備の内容	帳簿価額（千円）						従業員数 (人)
		建物及び構築物	機械装置及び運搬具	工具，器具及び備品	土地 (面積㎡)	リース資産	合計	
レストラン ひらまつ 博多 (福岡市博多区)	店舗設備	71,608	-	38,559	- (-)	-	110,168	17
ラ・フェット ひらまつ (大阪市北区)	店舗設備	246,689	-	20,862	- (-)	-	267,551	41
レストラン MINAMI (札幌市中央区)	店舗設備	119,004	-	3,798	- (-)	-	122,802	14
メゾン ポール・ボキューズ (東京都渋谷区)	店舗設備	114,254	-	17,328	- (-)	-	131,582	20
ジャルダン ポール・ボキューズ (石川県金沢市)	店舗設備	117,674	-	3,584	33 (-)	-	121,259	16
ブラッスリー ポール・ボキューズ ミュゼ (東京都港区)	店舗設備	48,786	-	7,548	- (-)	-	56,335	12
ブラッスリー ポール・ボキューズ 銀座 (東京都中央区)	店舗設備	117,495	-	3,937	- (-)	-	121,432	9
ブラッスリー ポール・ボキューズ 大丸東京 (東京都千代田区)	店舗設備	47,749	-	4,426	- (-)	-	52,175	13

オーベルジュ・ド・リル ナゴヤ (名古屋市中村区)	店舗設備	131,399	−	7,352	−(-)	−	138,751	17
オーベルジュ・ド・リル トーキョー (東京都港区)	店舗設備	37,497	−	21,654	−(-)	−	59,151	18
オーベルジュ・ド・リル サッポロ (札幌市中央区)	店舗設備	389,099	−	9,769	−(-)	−	398,869	23

出所）2020年3月期 有価証券報告書

2.4　ひらまつのまとめ

　以上，ひらまつを例にとり，実際のレストランを経営している企業の「FLRコスト」を計算した。この数値はあくまで結果論である。つまり過去の数値にすぎない。

　会計を英語でアカウンティングという。その由来は，受託者である経営者が，委託者である株主に，委託された企業の活動の状況について説明ないし釈明，つまり「account for」する行為をいうところからきている。

　したがって，過去の実績を説明する手段として損益計算書，貸借対照表を作成して株主に説明するのが会計の主たる役割である。過去のことの説明になるのは当然である。

　しかしながら，本書のサブタイトル『繁盛店のしくみと作り方』からすると，過去のことではなく，未来に向かって繁盛店を作るということが主眼である。過去の分析で終わらせるのではなく，過去を未来に役立てないと意味がない。

　さらに，ひらまつで議論した食材比率，人件費率，家賃比率は，すべて企業の合計額である。つまり1つの店舗での数値ではなく，あくまでのそれらを合算した数値の議論にすぎない。企業の業績を総括し，ひらまつを同業他社として自社と比較するというのであれば意味がある。しかし，繁盛店の作り方という点では，あまり意味はないともいえる。

　すなわち『繁盛店のしくみと作り方』という観点でいえば，さんざん企業全体の数値で語っておいて今更であるが，残念ながら繁盛店の作り方という目的には実践的ではない。あくまで思考の訓練にすぎない。

　売上を細かく見れば，最小単位の売上はメニューごとの単価である。この積み重ねが日商であり，月商であり，年商，つまり年間売上高となる。

　メニューごとに使う食材が異なれば，メニュー単位での食材費率は異なる。また，料理と飲料では食材費率は全く異なる。高級フランス料理でいえば，1人で10万円のコースは頼んでも，1人で50万円，つまり5人前を注文することはないであろう。しかし，1本50万円の高級ワインを3本注文することはあり得るだろう。料理で利益を稼ぐよりも，高級ワインを多く飲んでもらった方が，"儲け"でいえば，儲かることに直結する。

　もっと身近な例でいえば，マクドナルドのバリューセットである。ハンバーガーに飲み物を付ける。単品でハンバーガーだけを売るよりも，セットメニューの利益率のほうが高い。バリューセットは人気メニューである。しかし，レストラン経営では，バリューは顧客にとってバリューなのか，レストランにとってバリューなのかと思考するとよいだろう

　つまり，読者が"利益が繁盛店の尺度"とするならば，月間売上高，年商，年間利益額などの目標を設定すると同時に，どのメニューが利益商材であるのかを細かく個別に検討することが不可欠であり重要である。注文を顧客任せにするのではなく，何を注文してもらうかをあらかじめ立案する。そして，目標とする月間売上高，年商，年間利益額にいかにして近づけるかという相互検討について，真剣に考えることが大切である。

3　繁盛店の尺度としての企業価値

　企業価値とは簡単にいうと，自分の店を売却する時の価格である。これから始めようという店を，もう売る話になるのかと思うかもしれないが，企業価値を繁盛店の尺度とするならば，自分の店の価格が繁盛店の尺度となる。

企業価値の算定は，企業買収（M＆A）などにおいて，「その企業はいくら
で買う（売る）価値があるか？」を検討するときに行われる。この算定方法は，
将来にわたっていくら利益を出せるのかと計算し，それを現在の価値に割り戻
して算定する方法など様々あるが，少し複雑なのでここでは省略する。

　大事なのは，高く売れることが，繁盛店として認められた証となることであ
る。もちろん，他の要因はあるにせよ，顧客満足度が高く，従業員満足度が高
く，企業業績が高い店は高い評価の店となる。もし第三者に売るとしても，安
く売る必要は全くない。いくらで売れるのかという，「企業価値が繁盛店の尺
度」である。

　ただし，売ることを前提にして店を始めようということではない。あくまで
も繁盛店の尺度についての考え方である。

　この尺度を用いて，コロナ禍においても成長する大企業がある。マグドナル
ドである（第6章3）。その経営理念において「グループ企業の成長」を目的
とし，「企業価値の向上を図ること」を手段として位置づけている。つまり，
繁盛店の尺度を企業価値とし，これを向上させることで企業を成長させるとし
ている。

　さて，サービス・プロフィットチェーン（第9章6）を思い返そう。従業員
満足が顧客満足を増幅させ，顧客満足が企業業績を向上させる。向上した企業
業績は，さらに従業員満足を増幅させるという好循環のスパイラルを示したモ
デルである。これを継続すると企業価値を高めることができ，その結果として
経営者の収入が増える。このシステムを作り上げることも大切である。

　上述（第8章5）のマネジメント・システムには，この好循環のスパイラル
を組み込んでおくことが大切である。

　経営者の給与が結果として増えるとすれば，その結果を想定したシナリオを
描き，マネジメント・システムに組み入れる。シナリオは，ワースト，ノーマ
ル，ベストの3つが最低限必要である。

図表9-5　（再掲）サービス・プロフィットチェーン

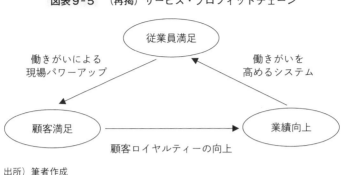

出所）筆者作成

① ワースト・シナリオ

企業の内部環境は良いが，コロナ禍のような外部環境の悪化によって，企業業績が急降下する状況に対応するマネジメント。

② ノーマル・シナリオ

企業の内部・外部環境は通常通りで，企業業績は予定通りの状況に対応するマネジメント。

③ ベスト・シナリオ

メニュー開発が成功した。画期的な調理法を導入して成功したといったプラス要因により，企業業績が急上昇するといった状況に対応するマネジメント。

　このようなシナリオを描いておくことは，リスク・マネジメントとしても必要である。その実行の結果として，経営者の給与がどのレベルになるのかを想定しておく。ここでは，経営者の給与を他に優先させることなく，最後のコストとすることが経営の真髄である。

　このような，"しくみ"をきちんと組み込んだ経営は，成功する確率が高い。世界の人々は，日本の食文化に興味津々である。このため，日本で独創的なレストランを繁盛店にして成功させることは，世界に誇ることができるビジネス

170

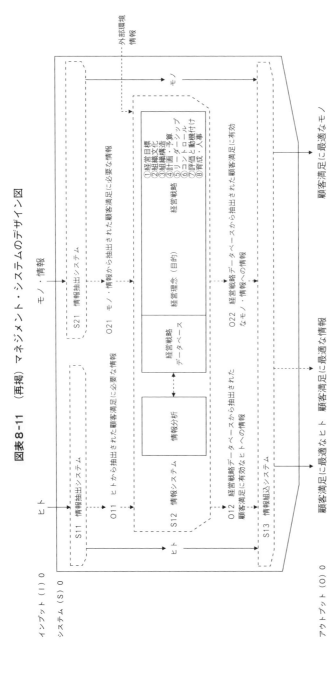

図表 8-11　(再掲) マネジメント・システムのデザイン図

出所) 筆者作成

である。したがって，"繁盛店のしくみと作り方"をしっかりと学ぶことの価値は大きい。

注 ･･

[1] 2020年3月期 有価証券報告書
[2] ひらまつの有価証券報告書に記載されている損益計算書には，レストラン事業のみならず，ホテル事業も合算されている。厳密にはホテル事業だけの損益計算書ではないものの，レストラン会計を学ぶ上では特に支障はないと考えられる。記載した設備の概要を見れば明らかなとおり，ホテル事業の損益の割合は低いものと考えられる。

レストランのサービス機能の
価値評価

1　レストランのサービス機能の価値評価

　筆者が，ディナーレストランの顧客とホールスタッフの双方を対象として，レストランサービスの中心となる接客10作業の価値評価を行った。一般的なレストランでの接客作業を10に分け，顧客側とホールスタッフ側の双方に，価値が高いと評価できる作業に高い点数を付けてもらった。

　この結果，高い価値評価の作業は，双方とも，顧客側とホールスタッフ側の接点となる作業であり，逆に低い価値評価の作業は運搬が含まれる作業であった。

　したがって，双方ともに高い価値評価の作業は，ヒトが行うべき作業であり，逆に，低い価値評価の作業は自動化，機械化，ロボット化などに代替すべきであるという結論に達した。

　ただし，コロナ禍での感染防止上の観点から，ヒトとヒトの接点となる作業には飛沫拡散防止などの対策が必要であることは言うまでもない。

2　顧客へのアンケート

　顧客へ次のアンケートを依頼した。接客10作業を10項目として，評価に値す

るホールスタッフの作業に，0～10点の範囲内で合計点が10点になるように，高い価値評価の作業には高い点数を，逆に低い価値評価の作業には低い点数を付けてもらった。

図表 補足資料1　接客10作業の顧客へのアンケート用紙

お客様

アンケートへのご協力をお願い申し上げます。

1　評価に値する接客スタッフの作業に，点数をお付けください。
2　作業は，10ヶに分類しています。
3　合計点が10点になるように，記入してください。
4　0～10点の内で，高い評価の作業には高い点数を，反対に，
　　低い評価の作業には低い点数を付けてください。
5　点数の箇所にご記入ください。

No.	応対/動作	応対・動作の内容	点数	例
1	受付	ご予約や，受付のときの，スタッフの応対・動作		1
2	出迎	お出迎えのときの，スタッフの応対・動作		1
3	案内	ご案内のときの，スタッフの応対・動作		1
4	注文	ご注文伺いのときの，スタッフの応対・動作		1
5	納品	(テーブルにお運びする途中で) 料理・飲み物を運搬するときの，スタッフの動作		0
6	提供	テーブルで，料理，飲み物を，ご提供するときのスタッフの応対・動作		3
7	会話	お食事途中での，スタッフとの会話		2
8	引下	テーブルで，料理，飲み物を，お下げするときのスタッフの応対・動作		0
9	回収	(テーブルから，お下げした直後で) 食器を回収運搬するときの，スタッフの動作		0
10	会計	お会計・お見送りのときの，スタッフの応対・動作		1
			合計	10

出所) 筆者作成

顧客へのアンケートの結果

　このアンケートの結果は，次のようであった。提供が16.3%，注文が15.6%，受付が12.7%であり，これらの作業の評価が高かった。次に，会計が10.1%，案内が9.8%，出迎が9.7%，会話が9.5%であり，前者の3作業に比較してやや低い評価として続いた。そして，引下が7.2%，納品が5.3%，回収が3.9%であり，評価の低い作業となった。

図表 補足資料2　顧客へのアンケート集計結果

No.	応対/動作	応対・動作の内容	集計点数	顧客評価値
1	受付	ご予約や，受付のときの，スタッフの応対・動作	112	12.7%
2	出迎	お出迎えのときの，スタッフの応対・動作	85	9.7%
3	案内	ご案内のときの，スタッフの応対・動作	86	9.8%
4	注文	ご注文伺いのときの，スタッフの応対・動作	137	15.6%
5	納品	（テーブルに，お運びする途中で）料理・飲物を運搬するとき	47	5.3%
6	提供	テーブルで，料理・飲物をご提供するのときの，スタッフの応対・動作	143	16.3%
7	会話	お食事途中での，スタッフとの会話	84	9.5%
8	引下	テーブルで，料理・飲み物を，お下げするのときの，スタッフの応対・動作	63	7.2%
9	回収	（テーブルから，お下げした直後で）食器等を回収運搬するとき	34	3.9%
10	会計	お会計・お見送りのときの，スタッフの応対・動作	89	10.1%
		合計	880	100.0%

アンケート回答人数：88名
実施場所：神奈川県茅ヶ崎市新栄町3－2　株式会社阿部浅
業種：日本料理
業態：ディナーレストラン
実施年月日：2007年7月1日から8月31日

図表 補足資料３　顧客へのアンケートまとめ表

No.	応対/動作	顧客評価値
6	提供	16.3％
4	注文	15.6％
1	受付	12.7％
10	会計	10.1％
3	案内	9.8％
2	出迎	9.7％
7	会話	9.5％
8	引下	7.2％
5	納品	5.3％
9	回収	3.9％
		100.0％

評価値を降順化した表：「対応/動作の内容」項目略

出所）筆者作成

3　ホールスタッフへのアンケート

　同様に，ホールスタッフに次のアンケート用紙への記入を依頼した（図表補足資料４）。

ホールスタッフへのアンケートの結果

　このアンケートの結果は，**図表補足資料５**のようであった。提供が13.8％，注文が13.3％であり，これらの作業の評価が高かった。次に，会計が10.4％，引下が10.4％，受付が9.6％，会話が9.6％，案内が8.8％，出迎が8.8％であり，前者の２作業に比較してやや低い評価として続いた。そして，回収が7.9％，納品が7.5％であり，評価の低い作業となった。

図表 補足資料4　接客10作業のホールスタッフへのアンケート用紙

接客スタッフ各位

アンケートへのご協力をお願いいたします。

1　接客スタッフとして，「やりがいがある」と評価する作業に，点数を付けください。
2　作業は，10ヶに分類しています。
3　合計点が10点になるように，記入してください。
4　0～10点の内で，高い評価の作業には高い点数を，反対に，低い評価の作業には低い点数を付けてください。
5　点数の箇所にご記入ください。

No.	応対/動作	応対・動作の内容	点数	例
1	受付	ご予約や，受付のときの，スタッフの応対・動作		1
2	出迎	お出迎えのときの，スタッフの応対・動作		1
3	案内	ご案内のときの，スタッフの応対・動作		1
4	注文	ご注文伺いのときの，スタッフの応対・動作		1
5	納品	（テーブルに，お運びする途中で）料理・飲物を運搬するときの，スタッフの動作		0
6	提供	テーブルで，料理，飲物を，ご提供するときのスタッフの応対・動作		3
7	会話	お食事途中での，スタッフとの会話		2
8	引下	テーブルで，料理，飲み物を，お下げするときのスタッフの応対・動作		0
9	回収	（テーブルから，お下げした直後で）食器等を回収運搬するときの，スタッフの動作		0
10	会計	お会計・お見送りのときの，スタッフの応対・動作		1
			合計	10

出所）筆者作成

図表 補足資料5　ホールスタッフへのアンケート集計結果

No.	応対/動作	応対・動作の内容	集計点数	スタッフ評価値
1	受付	ご予約や，受付のときの，スタッフの応対・動作	23	9.6%
2	出迎	お出迎えのときの，スタッフの応対・動作	21	8.8%
3	案内	ご案内のときの，スタッフの応対・動作	21	8.8%
4	注文	ご注文伺いのときの，スタッフの応対・動作	32	13.3%
5	納品	（テーブルに，お運びする途中で）料理・飲物を運搬するとき	18	7.5%
6	提供	テーブルで，料理・飲物をご提供するのときの，スタッフの応対・動作	33	13.8%
7	会話	お食事途中での，スタッフとの会話	23	9.6%
8	引下	テーブルで，料理・飲み物を，お下げするのときの，スタッフの応対・動作	25	10.4%
9	回収	（テーブルから，お下げした直後で）食器等を回収運搬するとき	19	7.9%
10	会計	お会計・お見送りのときの，スタッフの応対・動作	25	10.4%
		合計	240	100.0%

アンケート回答人数：24名
実施場所：神奈川県茅ヶ崎市新栄町3－2　株式会社阿部浅
業種：日本料理
業態：ディナーレストラン
実施年月日：2007年7月1日から8月31日

出所）筆者作成

図表 補足資料6　ホールスタッフへのアンケートまとめ表

No.	応対/動作	集計点数	スタッフ評価値
6	提供	33	13.8％
4	注文	32	13.3％
8	引下	25	10.4％
10	会計	25	10.4％
1	受付	23	9.6％
7	会話	23	9.6％
2	出迎	21	8.8％
3	案内	21	8.8％
9	回収	19	7.9％
5	納品	18	7.5％
		240	100.0％

評価値を降順化した表：「対応/動作の内容」項目略

出所）筆者作成

4　顧客とホールスタッフの評価の比較

　この顧客側とホールスタッフ側の双方のアンケートを比較した。まず，納品，回収の運搬作業では，双方の評価が低いことが判明した。しかし，運搬作業である引下では，その評価が分かれた。顧客側では，7.2％と評価が低いのに対し，ホールスタッフ側では，10.4％と，顧客側の評価程は低くない。

　このアンケートに協力したホールスタッフの数人に，引下作業に関するインタビューを実施した。その結果，次のような声を聞くことができた。

　「お客様のテーブルから，お下げする時には，お客様に直に接することができます。そして，お客様が料理やお飲み物を召し上がった後の反応や私たちの接客への反応を，その時にキャッチすることができます。また，その時には，少し緊張します。そして，おしかりを受けることもありますが，励ましの言葉もいただけるので，それが，やりがいにつながります。」

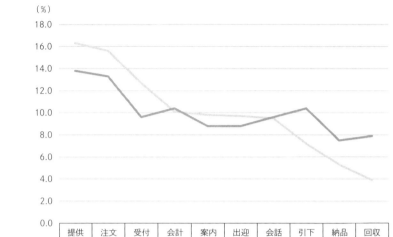

図表 補足資料7　顧客とホールスタッフの双方に対する，接客10作業の評価アンケートの結果のグラフ

(%)

	提供	注文	受付	会計	案内	出迎	会話	引下	納品	回収
顧客評価値	16.3%	15.6%	12.7%	10.1%	9.8%	9.7%	9.5%	7.2%	5.3%	3.9%
スタッフ評価値	13.8%	13.3%	9.6%	10.4%	8.8%	8.8%	9.6%	10.4%	7.5%	7.9%

出所）筆者作成

　このインタビューに関する限り，引下作業では，ホールスタッフと顧客との直接的コンタクトがあり，少なくとも同スタッフへの価値評価に影響を及ぼした可能性があったといえよう。

5　接客10作業への提言

　提供と注文は，顧客とホールスタッフの双方の評価が高い作業であり，また，受付は顧客による評価が高い作業である。これらの作業は，本来ヒトが行うべき作業であり，そこではヒトによるホスピタリティが充分に提供されるべき作業であろう。その結果として顧客満足が高まるであろう。
　納品，回収は双方の価値評価が低い。引下は顧客の価値評価が低くホールスタッフはあまり低くない。したがって，接客10作業を行う一般的なレストラン

では，納品，回収などの作業を機械化し，ヒトの作業と代替させることにより，ホールスタッフのモチベーションを高め，労働集約を緩和させることができるであろう。そして，顧客満足を低下させずに，作業効率を高めることができると考えられる。

おわりに

　レストランビジネスに長年にわたり携わってきた経緯から、「繁盛店とはいったいどのようにして作るのか」「繁盛店のしくみとはいったい何か」と日々の実務から考えてレストランビジネスを研究してきた。また、懐石料理店として世界初となる品質認証ISO9001を取得するなどしてフードサービス・システムデザインを行ってきた。慶應義塾大学ビジネススクール在学中は、「フードサービスの労働生産性は、いったいなぜこんなに低いのか」との探求心を抱くようになり、サービスについて理論的に研究し始めた。この研究を早稲田大学大学院の博士課程で引き続き行った。このような実務と理論の両面からのフードサービス研究が、本書の背景にある。

　本書では、「繁盛店のしくみと作り方」を明らかにするために、商品開発、経営戦略、経営システムデザイン、ホスピタリティ、会計などからフードサービスの経営戦略を実務と理論の双方から述べた。

　そのフレームワークには、システム創造思考法がある。事業の目的を演繹的に上位概念に求め、そこから経営理念、経営戦略の策定、経営システムデザインへと進んでいくことにより、事業の大きな柱を見失うことがないように心掛けた。フードサービスの経営における実務と理論の双方について理解を深めたい読者に、参考にしていただければ幸いである。

謝辞
　早稲田大学の黒須誠治名誉教授には、本書の執筆全般において親身になってご指導いただいた。深い感謝の意を表したい。同校の山根節教授には、多くの著書を参考にさせていただくとともに、本書の出版にご尽力いただき、心より感謝したい。

　本書が、読者の研究や実務に役立ち、社会に貢献することができれば、これらの多くの方々に報恩することと思われる。

参考・引用文献

Ansoff, H. I.（1965）*Corporate strategy: business policy for growth and expansion.* Mcgraw-Hill.

Barney, J. B.（1991）Firm Resources and Sustained Competitive Advantage. *Journal of Management,* 17（1）.

Bernard, C. I.（1938）*The Functions of Executives.* Harvard University Press.

Heskett, J., Sasser, E., Schleinger, L.（1997）*The Service Profit Chain.* The New York Free Press.

Judd, R. C.（1964）The Case for Redefining Services. *Journal of Marketing,* 28（1）.

Kasper, H., Helsdingen, P., Gabbott, M.（1997）*The Services Marketing Management.* John Wiley & Sons.

Kotler, P., Jain, D. C., Maesincee, S.（2013）*Marketing Moves.* Harvard Business School Press.

Looy, B. V., Direrdonck, R. V., Gemmel, P.（1998）*Service Management: An Integrated Approach.* Financial Times Professional.

Lusch, R. F., Vargo, S. L., Wessels, G.（2008）Toward a Conceptual Foundation for Service Science: Contributions from Service Dominant Logic. *IBM Systems Journal* 47（January-March）, p.11.

Mintzberg, H., Lampel, J., Ahlstrand, B.（1998）*Strategy Safari.* FT Prentice Hall.

Nadler, G,（1981）*The Planning and Design Approach.* John Wiley & Sons. p.85.

Nadler, G, Hibino, S.（1998）*Breakthrough Thinking.* Prima Publishing & Communications.

Porter, M. E.（1980）*Competitive Strategy.* FREE PRESS.（土岐坤, 服部照夫, 中辻萬治訳『競争の戦略』ダイヤモンド社, 1982年; 土岐坤, 服部照夫, 中辻萬治訳『新訂 競争の戦略』ダイヤモンド社, 1995年）

Porter, M. E.（1985）*Competitive Advantage.* FREE PRESS.（土岐坤, 中辻萬治, 小野寺武夫訳『競争優位の戦略』ダイヤモンド社, 1985年）

Sasser, W. E., Olsen, R.P., Wyckof, D. D.（1978）*Management of Service Operations.* Allyn and Bacon.

Simon, H. A.（1947）*Administrative behavior: A study of decision-making processes in administrative organization.* Macmillan.

Vargo, S. L., Lusch, R. F.（2008）From Goods to Service（s）: Divergences and Convergences of Logics. *Industrial Marketing Management* 37（3）.

カール・アルブレヒト, ロン・ゼンケ（2003）『サービス・マネジメント』和田正春訳, ダイヤモンド社。

クリストファー・ラブロック, ローレン・ライト（2002）『サービス・マーケティング原理』小宮路雅博監訳, 藤井大拙, 高畑泰訳, 白桃書房。

コーリン・クラーク（1953）『經濟進歩の諸條件』大川一司, 小原敬士, 高橋長太郎, 山田

雄三訳，勁草書房。

ジェフリー・A・ティモンズ（1997）『ベンチャー創造の理論と戦略』千本倖生，金井信次訳，ダイヤモンド社。

ジョセフ・E・スティグリッツ（2015）『世界に分断と対立を撒き散らす経済の罠』峯村利哉訳，徳間書店。

スティーブン・G・ブランク（2009）『アントレプレナーの教科書』堤孝志，渡邊哲訳，翔泳社。

トニー・ダビラ，マーク・J・エプスタイン，ロバート・シェルトン（2007）『イノベーション・マネジメント』スカイライトコンサルティング訳，英治出版。

バート・ヴァン・ローイ，ローランド・ヴァン・ディードンク，ポール・ゲンメル 編（2004）『サービス・マネジメント　統合的アプローチ（下）』白井義男監修，平林祥訳，ピアソン・エデュケーション。

ビル・マービン（1998）『レストランサービスの基礎』佐野恵子訳，柴田書店。

フィリップ・コトラー（2000）『コトラーの戦略的マーケティング』木村達也訳，ダイヤモンド社。

フィリップ・コトラー（2003）『コトラーのマーケティング・コンセプト』恩蔵直人監訳，東洋経済新報社。

フェルナンド・トリアス・デ・ベス，フィリップ・コトラー（2011）『コトラーのイノベーション・マーケティング』櫻井祐子訳，翔泳社。

フランセス・フレイ，アン・モリス（2013）『ハーバード・ビジネススクールが教える顧客サービス戦略』池村千秋訳，日経BP社。

ベッツィ・サンダース（1997）『サービスが伝説になる時』和田正春訳，ダイヤモンド社。

ヘンリー・チェスブロウ（2012）『オープン・サービス・イノベーション』博報堂大学ヒューマンセンタード・オープンイノベーションラボ訳，阪急コミュニケーションズ。

ヘンリー・ミンツバーグ，ブルース・アルストランド，ジョセフ ランペル（2013）『戦略サファリ第2版』東齋藤嘉則監訳，東洋経済新報社。

マイケル・E・ポーター（1999）『競争戦略論Ⅰ』竹内弘高訳，ダイヤモンド社。

マイケル・E・ポーター（2000）『日本の競争戦略』竹内弘高訳，ダイヤモンド社。

ヤン・カールソン（1990）『真実の瞬間』堤猶二訳，ダイヤモンド社。

リチャード・ドッブス，ジェームズ・マニーカ，ジョナサン・ウーツェル（2017）『マッキンゼーが予測する未来』吉良直人訳，ダイヤモンド社。

レオナルド・インギレアリー，ミカ・ソロモン（2015）『リッツ・カールトン超一流サービスの教科書』小川敏子訳，日本経済新聞出版社。

ロバート・D・オースチン，リチャード・L・ノーラン（2000）『IBMの企業再建』HARVARD BUSINESS SCHOOL。

相葉宏二（1999）『MBA経営戦略』ダイヤモンド社。
青木安輝（2006）『解決志向の実践マネジメント』河出書房新社。
赤岡功編（1995）『現代経営学を学ぶ人のために』世界思想社。

浅井慶三郎，清水滋（1986）『サービス業のマーケティング』同文舘出版。

浅井慶三郎，清水滋（1997）『サービス業のマーケティング　三訂版』同文舘出版。

渥美俊一（2008）『チェーンストア組織の基本』ダイヤモンド社。

安積敏政（2011）『サービス産業のアジア成長戦略』日刊工業新聞社。

阿部川勝義（2018）『バリュー・シフトアップ』中央経済社。

阿部川勝義（2008）『レストランにおけるサービスの機械化』早稲田大学博士学位論文。

網倉久永，新宅純二朗（2016）『経営戦略入門』日本経済新聞出版社。

飯盛信男（2004）『サービス産業』新日本出版社。

飯盛信男（2014）『日本経済の再生とサービス産業』青木書店。

五百井清右衛門，黒須誠治，平野雅章（1997）『システム思考とシステム技術』白桃書房。

伊丹敬之（2012）『経営戦略の論理　第4版』日本経済新聞出版社。

伊藤元重，伊藤研究室（1998）『日本のサービス価格はどう決まるのか　サービス料金の経済学』NTT出版。

井上崇通，村松潤一（2010）『サービス・ドミナント・ロジック』同文舘出版。

井原哲夫（1979）『サービス経済学入門』東洋経済新報社。

井原哲夫（1992）『サービス・エコノミー』東洋経済新報社。

井原哲夫（1998）『生活の経済学』東洋経済新報社。

井原哲夫（2006）『見栄の商品学　ああ，ほめられたい』日経BP社。

今枝昌宏（2010）『サービスの経営学』東洋経済新報社。

上野恭裕，馬場大治編著（2016）『経営管理論』中央経済社。

浦川卓也（2010）『イノベーションを目指す実践研究開発マネジメント』日刊工業新聞社。

長内厚，榊原清則編著（2012）『アフターマーケット戦略』白桃書房。

川島蓉子（2010）『モノ・コトづくりのデザイン』日本経済新聞出版社。

木村五郎（1981）『現代日本のサービス業』新評論。

金振晩（2013）『戦略的ホテル経営』学文社。

熊谷尚夫，篠原三代平編（1980）『経済学大辞典』東洋経済新報社。

グロービス経営大学院編（2010）『グロービスMBA事業開発マネジメント』ダイヤモンド社。

グロービス経営大学院編（2017）『新版　グロービスMBA経営戦略』ダイヤモンド社。

黒崎誠（2015）『世界に冠たる中小企業』講談社。

黒須誠治（1993）「ワークデザインのインプットとキャタリスト」『日本経営工学会誌』44（4），pp.338-345。

黒須誠治（2014）「新サービスビジネス開発のためのサービス技術表現方法― 新サービスの案を考え出すための一方法 ―」『早稲田国際経営研究』早稲田大学WBS研究センターNo.45，pp.53-60。

黒須誠治（2015）「デザインと設計の異同― 感性によるデザイン・機能設計・社会システム設計の方法論 ―」『早稲田国際経営研究』早稲田大学WBS研究センターNo.46，pp.1-13。

黒須誠治（2016）『システムデザイン思考法（ワークデザイン法）』（早稲田大学講義ノート），pp.54-290。

國領二郎（2016.11.7～11.21）「やさしい経済学　プラットフォームと企業戦略①～⑩」日本

　経済新聞社。

小林好宏（1999）『サービス経済社会　ソフト化がもたらす構造変化』中央経済社。

小宮路雅博（2012）『サービス・マーケティング』創成社。

小山周三（2005）『サービス経営戦略』NTT出版。

近藤隆雄（1999）『サービス・マーケティング』生産性出版。

近藤隆雄（2004）『サービス・マネジメント入門　商品としてのサービスと価値づくり』生産性出版。

近藤隆雄（2007）『サービス・マネジメント入門　ものづくりから価値づくりの視点へ』生産性出版。

近藤隆雄（2012）『サービス・イノベーションの理論と方法』生産性出版。

近能善範，高井文子（2010）『コア・テキスト　イノベーション・マネジメント』新世社。

サービス産業生産性協議会（2009）『サービス・イノベーション：サービス産業生産性協議会　平成20年度活動報告書』生産性出版。

齋藤訓之（2009）『外食産業のしくみ』ナツメ社。

坂根正弘（2009）『限りないダントツ経営への挑戦　増補版』日科技連出版社。

坂根正弘（2016）『限りないダントツ経営への挑戦』日科技連。

椎野潤（2005）『生きている地球と共生する建設生産』日刊建設工業新聞社。

塩次喜代明，高橋伸夫，小林敏男（2009）『経営管理　新版』有斐閣。

清水滋（1978）『サービスの話』日本経済新聞社。

白井義男（1999）『レジャー産業のサービス・マネジメント』同友館。

新川義弘（2006）『愛されるサービス』かんき出版。

杉山立志，中村麻理，木村亮介　編著（2020）『フードビジネス学入門』三恵社。

鈴木貴博（2013）『戦略思考トレーニング』日本経済新聞出版社。

鈴木博，大庭祺一郎（2012）『基本ホテル経営教本』柴田書店。

DIAMONDハーバード・ビジネス・レビュー編集部（2005）『いかにサービスを収益化するか』ダイヤモンド社。

高橋勝浩（2005）『ソリューション営業の基本戦略』ダイヤモンド社。

高橋安弘（2004）『サービス品質革命』ダイヤモンド社。

田中滋（1993）『医療政策とヘルスエコノミクス』日本評論社。

田辺英蔵（1996）『サービスの法則―日本人はサービスに何を求めるか―』ダイヤモンド社。

田辺英蔵（1996）『サービスの本質―対人接触の神髄を知る―』ダイヤモンド社。

寺本義也，岩崎尚人編（2012）『新経営戦略論』学文社。

電通abic project編，和田充夫，菅野佐織，徳山美津恵，長尾雅信，若林宏保（2009）『地域ブランド・マネジメント』有斐閣。

東北大学経営学グループ（2008）『ケースに学ぶ経済学　新版』有斐閣。

徳江順一郎（2013）『ホテル経営概論』同文舘出版。

内藤耕（2010）『実例でよくわかる！サービス産業生産性向上入門』日刊工業新聞社。

中沢康彦（2010）『星野リゾートの教科書』日経BP社。

西村仁志編（2014）『ソーシャル・イノベーションが拓く世界』法律文化社。

日本経済調査協議会（2002）『サービス産業におけるイノベーションと生産性』日経調資料。

日本コンサルタントグループフードサービス＆ホテル研究室（2006）『実践ホスピタリティ・サービス』日本コンサルタントグループ。

日本総合研究所経営戦略研究会（2008）『経営戦略の基本』日本実業出版社。

日本総菜協会（2020）『2020年版総菜白書』

日本フードサービス学会情報委員会監修（2004）『フードサービス業における情報化戦略とテクノロジー』中央経済社。

日本フードサービス学会編（2015）『現代フードサービス論』創成社。

野中郁次郎，廣瀬文乃，平田透（2014）『実践ソーシャルイノベーション』千倉書房。

野中郁次郎，山下義通，小久保厚郎，佐久間陽一郎（1997）『イノベーション・カンパニー』ダイヤモンド社。

野村清（2003）『サービス産業の発想と戦略―モノからサービス経済へ』電通。

野村清，田中滋（1996）『サービス産業の発想と戦略』電通。

野村総合研究所サービス産業生産性革新プロジェクトチーム（2010）『2015年のサービス産業　稀少モデルから豊富モデルへの大転換』東洋経済新報社。

羽田昇史編（2002）『サービス産業経営論』税務経理協会。

服部勝人（2004）『ホスピタリティー学原論』学術選書。

波頭亮（2005）『組織設計概論』産業能率大学出版部。

波頭亮（2013）『経営戦略論入門』PHP研究所。

原田保（2008）『日本企業のサービス戦略』中央経済社。

一橋大学イノベーション研究センター（2001）『イノベーション・マネジメント入門』日本経済新聞出版社。

日比野創，日比野省三（2004）『ブレイクスルー思考のすすめ』丸善。

北城恪太郎監修（2009）『顧客はサービスを買っている』ダイヤモンド社。

前野隆司（2014）『システム×デザイン思考で世界を変える』日経BP社。

水口健次（1991）『マーケティング戦略の実際』日本経済新聞社。

南方建明，酒井理（2006）『サービス産業の構造とマーケティング』中央経済社。

南方建明，宮城博文，酒井理（2015）『サービス業のマーケティング戦略』中央経済社。

南知恵子，西岡健一（2014）『サービス・イノベーション』有斐閣。

宮崎哲也（2009）『コトラーの「マーケティング」実践ワークブック』秀和システム。

森川正之（2016）『サービス立国論』日本経済新聞出版社。

谷地弘安（2012）『「コト発想」からの価値づくり』千倉書房。

山根節，山田英夫，根来龍之共（1993）『日経ビジネスで学ぶ経営戦略の考え方』日本経済新聞社。

山根節（2003）『戦略と組織を考える』中央経済社。

山根節，山田英夫（2004）『日経で学ぶ経営戦略の考え方』日本経済新聞社。

山根節（2015）『MBAエグゼクティブス』中央経済社。

山根節（2016）『なぜあの経営者はすごいのか―数字で読み解くトップの手腕』ダイヤモンド社。

山本昭二（2007）『サービス・マーケティング入門』日本経済新聞出版社。

横山徹（1974）「日本のサービス産業」『三田学会雑誌』67巻10号。

吉田邦夫（2014）『イノベーションを確実に遂行する実践プログラムマネジメント』日刊工業新聞社。

吉谷竜一（1972）「ワークデザイン応用のための提案」『生産研究所紀要』No.26, pp.1-13。

渡辺幸男，小川正博，黒瀬直宏，向山雅夫（2013）『21世紀中小企業論 第3版』有斐閣。

神奈川新聞/経済「高級バーガーブーム ニーズ多様化に呼応」2019年8月6日
    https://www.kanaloco.jp/news/economy/entry-186825.html

國領二郎「やさしい経済学 プラットフォームと企業戦略」『日本経済新聞』2016年11月7日〜21日朝刊。

日経バリューサーチ（2021年1月13日）「ファストフード（ハンバーガー）」日本経済新聞社。

日本農業新聞（2020年11月1日）「「中食」市場争奪戦が激化 コロナ禍で消費行動変化 外食・小売り 宅配・総菜を増強」p.3.

株式会社インテリジェントセンサーテクノロジー「味覚センサー」
    http://www.insent.co.jp/products/taste_sensor_index.html

エスペッククリヤラボ株式会社「冷却機能付きスチーム加熱調理器」
    https://ekl.xsrv.jp/steam /

久保哲朗「都道府県別統計とランキングで見る県民性」 https://todo-ran.com

シェイクシャックホームページ
    https://www.shakeshack.jp

シェイクシャックみなとみらい店
    https://www.shakeshack.jp/location/minatomirai

自然派ハム工房リーベフラウ「阿波美豚とは」
    https://www.wiener.co.jp/?md=94&eno=NA==&pn=3

シャープマーケティングジャパン株式会社「流通業向けPOSシステム RETAILACE21 Ver.3」
    https://smj.jp.sharp/bs/pos/retailace21/homecenter.html

一般社団法人 全国肉用牛振興基金協会「乳用牛の種類（ジャージー種）」
    https://nbafa.or.jp/knowledge/dairy02.html

株式会社 ゼンショーホールディングスホームページ
    https://www.zensho.co.jp/

ソフトバンクロボティクス株式会社「配膳ロボット Servi（サービィ）」
    https://www.softbankrobotics.com/jp/product/servi/

一般社団法人日本乳業協会「日本の酪農の現在」
    https://www.nyukyou.jp/support/farming/index01.html

日本マクドナルドホールディングス株式会社「経営理念」
    https://www.mcd-holdings.co.jp/company/philosophy

株式会社日影茶屋ホームページ
　https://www.chaya.co.jp/
株式会社ひらまつホームページ
　https://www.hiramatsu.co.jp/
ひるぜんジャージーランド「ジャージー牛　育成牧場」
　http://jerseyland.hiruraku.com/facility/ranch/
蒜山酪農業協同組合ホームページ
　http://www.hiruraku.com
株式会社モスフードサービス「モスの約束　商品・サービス」
　https://www.mos.co.jp/company/social_activity/pdf/mos_csr16_p17_18.pdf
株式会社モスフードサービス「モスのネット注文」
　https://www.mos.jp/shop/netorder
株式会社モスフードサービス「経営方針」
　https://www.mos.co.jp/company/outline/philosophy
Hiroaki Kaneko（2019）「【ガチンコ経営分析①】マクドナルドVSモスバーガー」
　https://note.com/hiroakikaneko/n/ne7349a1fa5c5
山田英夫「孫子と生物学に学ぶ「戦わずして勝つ」」日経BizGate（2015/4/28）
　https://bizgate.nikkei.co.jp/article/DGXMZO3115046030052018000000

（ウェブ資料についてはすべて2021年6月15日最終閲覧）

著者紹介

阿部川　勝義（あべかわ　かつよし）

名古屋文理大学准教授。

早稲田大学招聘研究員。

株式会社　阿部浅　代表取締役。

レストランビジネスで創業し，現在医療モールや商業施設の開発・管理を行う。

慶應義塾大学大学院経営管理研究科修士課程修了（MBA）。早稲田大学大学院アジア
太平洋研究科博士後期課程修了。博士（学術）。

福井大学，早稲田大学講師を歴任。

専門は経営管理論，サービス・マネジメント，ホスピタリティ，フードサービス，フードツーリズム，システム・デザイン。

フードサービス経営戦略論
繁盛店のしくみと作り方

2021年10月10日　第1版第1刷発行

著　者　阿　部　川　勝　義
発行者　山　本　　　継
発行所　㈱中　央　経　済　社
発売元　㈱中央経済グループ
　　　　パ ブ リ ッ シ ン グ

〒101-0051　東京都千代田区神田神保町1-31-2
電話　03 (3293) 3371 (編集代表)
03 (3293) 3381 (営業代表)
https://www.chuokeizai.co.jp
印刷／三 英 印 刷 ㈱
製本／誠 製 本 ㈱

© 2021
Printed in Japan

＊頁の「欠落」や「順序違い」などがありましたらお取り替えいたしますので発売元までご送付ください。（送料小社負担）

ISBN978-4-502-40081-0　C3034